重庆文化研究 庚子冬

Chongqing Cultural Research | 蔡武 题

■ 重庆市文化和旅游研究院　编

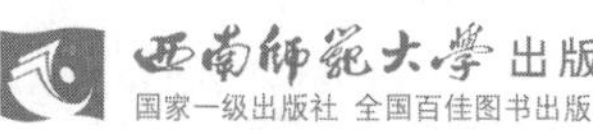

西南师范大学出版社

重庆

图书在版编目(CIP)数据

重庆文化研究. 庚子冬 / 重庆市文化和旅游研究院编. — 重庆 : 西南师范大学出版社, 2021.1
ISBN 978-7-5697-0609-3

Ⅰ. ①重… Ⅱ. ①重… Ⅲ. ①地方文化 - 研究 - 重庆 - 2020 Ⅳ. ①K297.19

中国版本图书馆CIP数据核字(2020)第270749号

重庆文化研究·庚子冬

CHONGQING WENHUA YANJIU GENG-ZI DONG

重庆市文化和旅游研究院 编

责任编辑:杜珍辉
责任校对:秦 俭
书籍设计:杨 涵
排 版:吴秀琴
出版发行:西南师范大学出版社
地址:重庆市北碚区天生路2号
邮编:400715
市场营销部电话:023-68868624
经 销:新华书店
印 刷:重庆紫石东南印务有限公司
幅面尺寸:210mm×285mm
印 张:8
插 页:11
字 数:248千字
版 次:2021年1月 第1版
印 次:2021年1月 第1次印刷
书 号:ISBN 978-7-5697-0609-3
定 价:35.00元

多元:文化的一种活力

文化需要活力,文化具有活力,文化发展的本质体现就是活力。

文化的活力多种多样,多元的文化元素,多元的文化空间,多元的文化需求,是文化活力的重要组成部分。

在世人的眼里,重庆文化是现代的、时尚的,可以称之为现代都市文化。

其实,在重庆现代时尚的文化背后,还有底蕴深厚的巴渝文化。巴渝文化是重庆现代文化的底气,是重庆三千多年历史文化的积淀。在重庆现代文化的骨子里,还深深地植根着历史文化的基因。

大约一千七百年前的东晋史学家常璩在《华阳国志》里说,巴人"质直好义",这一中肯的评价直到现在都还十分准确。虽然经过多年的历史淘洗,虽然经过无数外来文化、时代文化的融合,重庆人"质直好义"的文化精神仍然保持着它的定力。这份定力不仅体现在古代的巴渝文化中,也体现在当代重庆文化中,或者说其贯穿于重庆三千多年历史文化发展的长河之中。

古代的巴地不仅包括重庆现在的大部分行政区域,而且还包括湖北西部、四川北部、陕西南部、贵州北部的部分地区。巴国大地形成了自己独有的文化,人们称之为巴文化。现在重庆地区的东南部,即渝东南地区,仍然保存着大量的巴文化的传统。又由于这里居住着大量的少数民族,人们从文化形态角度把这里的文化称为渝东南少数民族文化。

最近,一个专业的课题组对重庆的少数民族文化进行了调研,重点是渝东南地区的少数民族文化。调研发现,以土家族、苗族为主的少数民族文化保护和弘扬得非常好,一批传统街区、村寨、建筑保存完好,一批历史文化遗迹得到保护,一批非物质文化遗产得到利用,各种民族文化产品丰富多彩,民族文化在城镇、社区、学校得以传承,以少数民族文化元素为主体的文学艺术创作、学术研究成果十分丰富,以少数民族文化元素为载体的文化产业、旅游产业快速融合发展。总之,重庆少数民族文化的保护和发展是可喜的。

课题组的同志非常辛苦,走遍了重庆所有的少数民族地区,获得了大量的信息和资料,形成了调研报告和三十多万字的材料。本书刊载了此次调研的报告,归纳了渝东南少数民族文化发展的基本情况，分析了在保护和发展重庆少数民族文化过程中存在的一些问题，并收入了课题组的意见和建议，这些都具有较强的科学性。

特别让人欣慰的是，这些以少数民族文化为主体的多元文化，充满生命的活力，在与现代文化的结合中彰显出重庆文化的力量。我们相信，只要科学统筹，积极作为，一定能很好地促进重庆文化高品质发展，为建设文化强市发挥积极作用。

编 者

2021年1月3日

目 录

政策研究

学术争鸣

文化前沿

基础科研

巴渝文化

人物风采

文化记忆

艺文空间

关于保护和弘扬少数民族优秀传统文化工作情况的报告

少数民族传统文化保护利用调研课题组
(重庆市文化和旅游研究院)

据第六次人口普查统计,重庆市常住少数民族人口193.7万人,占全市总人口的6.7%(全国少数民族人口占全国比例为8.49%),主要世居少数民族有土家族、苗族。全市有石柱、秀山、酉阳、彭水4个少数民族自治县和1个享受民族优惠政策的地区黔江区;有14个民族乡,分布在万州区、武隆区、忠县、云阳县、奉节县、巫山县等6个区县,其他各区县均有少数民族人口居住。2020年7至8月,课题组赴全市少数民族地区,对各少数民族传统文化保护利用情况进行了深入调查,结合市级相关部门工作情况,形成了本报告,以及20余万字的《保护和弘扬少数民族优秀传统文化工作情况资料汇编》

一、重庆市少数民族文化概况

重庆市少数民族文化是重庆文化的重要组成部分,是各族群众劳动和智慧的结晶。我市少数民族文化以世居渝东南武陵山区的土家族、苗族文化为主。土家族、苗族历史悠久,民族文化丰富。

由于土家族、苗族多聚族而居,因而形成了一些较有规模的民族建筑群,现在还保留着丰富的古建筑群,如黔江濯水古镇,石柱西沱古镇、南宾镇,彭水郁山古镇,酉阳龚滩古镇、龙潭古镇、后溪古镇,秀山洪安古镇等。主要建筑形式有土司衙署、碉楼、风雨桥、宗族祠堂、古代戏楼等。常见民居形式包括土家族、苗族最具特色的吊脚楼,土家族四合院等。建筑风格体现出重庆少数民族传统艺术天人合一的哲学观念和因地制宜的实用理念。民间工艺内容丰富、品种繁多,包括石刻、砖雕、刺绣、蜡染、编结、剪纸、建筑工艺、银饰制作工艺等。

生活中,土家族、苗族皆喜食酸辣,最有特色的菜肴是酸鱼、酸肉、酸汤等。穿着上,苗族男装以对襟和满襟为主。女性穿圆领大襟短衣,盘肩、袖口等处有少许绣花;宽脚裤,裤筒边缘多饰花边;包扎又高又大的青布或花布头帕,戴银饰。土家族男子穿琵琶襟上衣,缠青丝头帕。女性穿着大袖,滚两三道花边,衣袖比较宽大,下面镶边筒裤或八幅罗裙,喜欢佩戴各种金、银、玉质饰物,但是并没有苗族那样的银头饰、银项圈。随着时代的变迁,多数土家族、苗族群众日常着普通服装,重要场合、需要显示民族身份的时候着民族服装。

土家族、苗族人民能歌善舞。民族音乐异彩纷呈，器乐以吹奏乐和打击乐为主，有唢呐、丢马锣、土家斗锣、耍锣鼓、打溜子、薅草锣鼓等11种；民族歌曲主要有34种，包括生产劳作歌（号子、田歌）、情歌（山歌、小调）、风俗歌（梯玛神歌、哭嫁歌、摆手歌、孝歌）等。舞蹈同歌曲一样，寄托着土家族、苗族人民的情感，承载着其对祖先、族源的历史记忆。主要舞蹈有土家族摆手舞、打绕棺，苗族芦笙舞、接龙舞、三棒鼓、铜鼓舞等。传统文学形式以民间诗歌和民间故事为主，讲述族源神话、风物传说、英雄史诗，风格刚健清新，内涵丰富深刻，不仅丰富了我国民族文化宝库，也对当代作家的艺术创造产生了深刻影响。少数民族戏剧有傩戏、阳戏、花灯等类型，整体上具有唱腔质朴明快、表演生动活泼、生活气息浓厚的特点。

重庆少数民族群众在漫长的历史进程中形成了独特的礼仪风俗，主要体现在生育、婚姻、丧葬等方面，比如土家族的“哭嫁”，土家族、苗族的生孩子后“报喜”等习俗。在重庆世居少数民族中，一些保留着以农历其他月份为“岁首”的纪年法，有本民族的“新年”，如苗族的“苗年”、侗族的“侗年”等。此外，还有土家族的“舍巴日”“赛会”，苗族的“赶秋节”“砍火星节”“四月八”“赶年场”“三月三”“踩山节”等丰富多彩的民族传统节日。

重庆少数民族的运动项目集空中、马上、水中及陆地于一体，呈现出共融共生的特点。目前，重庆少数民族传统体育项目中，土家族有55项，苗族有38项，回族有28项，满族有30项，蒙古族有10项。这些项目中，赛龙舟、抢花炮、龙狮舞、陀螺、摆手舞等，已列入全国少数民族传统体育运动会竞赛项目。其中彭水的苗族射弩、酉阳的蹴球等体育项目多次参加全国少数民族传统体育运动会，成绩突出。

苗族医药是重庆少数民族医药的代表。苗族医药历史悠久，是祖国医药宝库的重要组成部分。渝东南苗区有着丰富的药材资源，药用植物达1400余种，单彭水苗族土家族自治县收入《中华人民共和国药典》的药用植物就达273种，动物药类数十种，矿物药类数十种。由于世居深山，山高坡陡，植被茂密，涧多沟深，出门不便，所以苗药一般都是苗医自采自制，就地取材，随采随用，通过极其简单的制作方法，保证鲜药的显著药性，充分发挥其药效。

二、保护和弘扬少数民族优秀传统文化工作整体情况

（一）贯彻落实中央部署，因地制宜加强保护和积极弘扬

近年来，我市深入贯彻落实《关于加强和改进新形势下民族工作的意见》《关于加快构建现代公共文化服务体系的意见》《关于实施中华优秀传统文化传承发展工程的意见》《关于切实加强中国传统村落保护的指导意见》等一系列中央及相关部门文件精神，坚持“保护为主、抢救第一、加强管理、合理利用、传承发展”的方针，认真实施了以扶持办好一批少数民族节庆活动、支持拍摄一批少数民

族题材影视作品、精心编创一批民族文艺优秀剧目、编辑出版一批少数民族文化书籍、努力打造一批独具特色的少数民族博物馆、积极培育一批少数民族传统体育训练基地建设、认真实施一批少数民族特色村镇保护与发展工程、大力传承一批少数民族非物质文化遗产项目为主要内容的民族文化“八个一”工程，保护和弘扬我市少数民族优秀文化，积极推动我市少数民族文化事业繁荣发展。

在实施工作中，有针对性地对少数民族文化工作予以政策支持。市委、市政府出台了《关于推进革命文物保护利用工程(2018—2022年)的实施方案》《关于加强文物保护利用改革的实施意见》，把渝东南少数民族地区革命文物纳入重点保护范围；实施《重庆市历史文化名城名镇名村保护条例》；编制《重庆市国土空间总体规划(2020—2035年)》，在“主体功能分区”一节，将武陵山区少数民族集聚地区(包括石柱、秀山、酉阳、彭水4个少数民族自治县)列入特别振兴区名录，提出重点加大财政转移支付力度，支持教育、医疗、文化事业发展等扶持建议；制定《重庆市民族文化旅游业贷款贴息管理办法》，每年安排少数民族地区民族文化旅游业贷款贴息资金2500万元，对民族地区少数民族手工艺品企业经营性贷款予以贴息支持。

(二)重视民族文化设施建设，公共文化服务提质升级

近年来，我市高度重视少数民族地区文化设施建设，全面贯彻落实《中华人民共和国公共文化服务保障法》和中办、国办《关于加快构建现代公共文化服务体系的意见》，公共文化服务整体投入持续稳定并保持适度增长。截至2019年，渝东南各区县已基本完成县、乡、村三级公共文化设施全覆盖。建成开放博物馆5个(在黔江区落成的重庆市民族博物馆，是重庆市首家民族博物馆，也是武陵地区唯一的省市级民族博物馆)、公共图书馆6个，建成24小时自助图书馆5个，建成文化馆6个。已完成1694个民族地区村级基层综合文化服务中心提档升级工作，2020年将实现基层综合文化服务中心提档升级全覆盖。

民族地区公共文化服务品质不断提升。图书馆书刊、文献总藏量，博物馆馆藏文物类别和数量均不断增加；文化馆定期开展艺术项目免费培训，积极打造特色文化活动品牌，全民阅读和全民艺术普及工作大力推进。乡镇(街道)综合文化服务中心按照“七个一”(即1个文化活动广场、1个文化活动室、1个简易戏台、1个宣传栏，1套文化器材、1套广播器材、1套体育设施器材)建设，极大丰富了基层群众文化生活，群众对公共文化服务单位的满意度超过90%。组织群众参加社区文化节、乡村文艺会演等多项展演活动，较好地激发了少数民族地区群众参与文化活动的热情。群众文艺精品创作力度加大，彭水县土家号子《弯弯号》入围第十七届“群星奖”决赛，黔江区民族歌舞诗《云上太阳》赴巴西巡演。2019年，在192个乡镇开展送戏下乡1152场次，开展流动文化服务进村6403场次，丰富了少数民族地区群众精神文化生活。

(三)民族文化研究、文艺创作、体育运动成果丰硕

近年来，我市开展了渝东南少数民族歌曲、舞蹈、戏曲、器乐、建筑及民风民俗等六大类122个项目的影像资料收集工作，拍摄制作了《武陵山区——渝东南记忆》纪录片44集（全国文化信息资源共享工程），制作了《重庆民族文化典藏》画册（含光碟20张），为挖掘、整理和抢救我市民族传统文化奠定了基础。出版了《重庆民族乡概况丛书》14卷，以及《重庆民族文化研究》《民族文化丛书》《重庆世居少数民族研究》《美美与共：渝东南民族地区生态文明建设研究》《重庆市少数民族文化系列丛书》等一大批民族文化研究成果，对我市民族地区资源、经济、社会、文化等进行了系统梳理，拓展了我市民族研究的广度和深度。制作了《世外桃源·渝东南》宣传片，在中央电视台和重庆卫视播放。

文艺创作方面，出版了《重庆市少数民族作家精品丛书》、《五彩家园——作家眼中的重庆少数民族特色村镇》（作品集）；每两年举办一届重庆市少数民族文学奖评选活动，迄今共有27部少数民族文学作品获得此奖项；《摩围寨》《露水硕大》等5部民族文学作品获得全国少数民族文学创作“骏马奖”。积极支持重庆民族歌舞团、天上黄水大剧院、彭水娇阿依民族艺术团、酉阳桃花源演艺团等民族文化艺术院团建设。打造《濯水谣》《天上黄水》《梦幻桃源》《苗祖·蚩尤》等民族文化剧目，分别作为黔江濯水古镇、石柱黄水国家级森林公园、酉阳桃花源景区、彭水蚩尤九黎城等旅游景点演出节目。少数民族题材戏剧作品歌剧《钓鱼城》、芭蕾舞剧《追寻香格里拉》在全国少数民族文艺会演中斩获大奖，分别被中宣部、重庆市授予“五个一工程”奖。

直辖以来，我市先后组团参加了6届全国少数民族传统体育运动会，均取得较好成绩。2019年，我市代表团在第十一届全国少数民族传统体育运动会上获11个一等奖、25个二等奖、30个三等奖，一等奖数量和奖牌总数居全国前列。为加快民族体育发展，提高竞技水平，我市先后命名6个市级少数民族传统体育基地，并推荐黔江区成为“全国少数民族传统体育示范基地”。为做好民族体育推广普及工作，市里下拨少数民族传统体育项目推广普及补助资金230万元，支持民族体育基础好的8个区县（自治县）和5所高校开展民族体育推广普及。

（四）保护传承民族文化遗产，加强遗产活化利用

我市少数民族地区文化遗产主要集中在渝东南六区县（自治县）。渝东南地区文化遗产特色突出、类型丰富、底蕴深厚，在生态底色上生成的多彩民族文化资源具有“怡然自乐、和合共生、自强不息”的气韵风度。

积极加强文物保护力度。根据全国第三次文物普查数据统计结果，渝东南地区有古生物化石遗迹、古建筑、古墓葬、古遗址及近现代重要史迹等文物点33283处，包括可移动文物28197件，不可移动文物5086处（黔江区374处、武隆区1563处、石柱土家族自治县847处、秀山土家族苗族自治县468处、酉阳土家族苗族自治县485、彭水苗族土家族自治县1349处），其中全国重点文物保护单位4处（酉阳县南腰界红三军司令部旧址、赵世炎故居，重庆冶锌遗址群、湾底谭氏民居），市级文物保护单位42处，区县级文物保护单位357处；革命文物107处。“十三五”期间，我市先后投入资金5866万元，加强少数民族地区文物保护与利用。完成了以渝东南片区为重点的全市乡村文化遗产资源调查。石柱县湾底谭氏民居被国务院公布为第八批全国重点文物保护单位，黔江区濯水古建筑群、酉阳县南腰界红三军旧址、彭水县茶林坪古建筑群等被评为第三批重庆市文物保护单位。积极争取将湘鄂川黔革命根据地的酉阳片区纳入国家革命文物重点保护区域。近年来，重点实施酉阳南腰界红三军司令部旧址、赵世炎故居、万涛故居等一批重点革命文物维修保护项目，重点革命文物保存状况得到有效改善。

先后投入8500多万元加强非物质文化遗产保护。截至目前，渝东南地区共有国家级非遗代表性项目11项、市级非遗代表性项目164项、区县级非遗代表性项目959项；国家级非遗代表性传承人13人、市级非遗代表性传承人162人、区县级非遗代表性传承人968人。命名市级非遗传承教育基地15个、市级非遗生产性保护示范基地15个，建成非遗传习所（点）39个，年均开展教育传习活动150次以上，有近300支群众业余队伍常年传习花灯和民歌。建立苏州大学驻酉阳苗绣传统工艺工作站，苏州工艺美术职业技术学院驻重庆黔江传统工艺工作站、驻彭水传统工艺工作站，帮助当地传统工艺企业和从业者解决工艺难题，提高产品品质。每年组织国家级、市级传承人参加能力提升培训班，对4名国家级传承人开展代表性传承人记录工程。组织区县级以上非遗项目，在50余所中小学校开展非遗进校园活动，多种非遗教材在中小学普及推广，秀山花灯健身操、石柱竹铃球成为20余所中小学课间操锻炼项目。

积极探索文化遗产助力精准脱贫道路。组织市文化遗产研究院、文化和旅游研究院等研究机构，对酉阳县土司文化、非遗特色文化等进行专题研究。对深度贫困乡酉阳县车田乡何土司城遗址开展考古发掘，实施土司城遗址保护展示工程，为车田乡发展乡村旅游奠定基础。将武隆区后坪坝苏维埃政府遗址保护工程、秀山县隘口红三军司令部旧址修缮工程等革命文物维修纳入扶贫项目，共计投入669万元。依托东西扶贫战略，探索“非遗+扶贫”模式，精心选择夏布织造技艺、苗绣、西兰卡普制作技艺等市场前景广的非遗项目，充分发挥传统工艺在促进就业、增加群众收入等方面的独特优势和带动作用，共计投入360万元。举办鲁渝共建非遗扶贫培训班12期，培训贫困户513人次，建立非遗扶贫工坊10个，解决130名贫困户就业，推动非遗保护与精准扶贫、就业增收相结合，助力当地脱贫攻坚。

（五）保护民族文化空间，建设民族文化生态

我市少数民族地区分布有大量历史建筑、中国传统村落、历史文化名镇名村、少数民族特色村寨。近年来，全市评定和发布了三批重庆市历史建筑名录，全市644处历史建筑中，共评选民族特色建筑50余处。渝东南地区历史建筑31处，涉及居住建筑、祠庙会馆、公共服务建筑、军事防御设施、工业仓储建筑等类别。武隆区后坪苗族土家族乡文凤村等75个少数民族村落列入中国传统村落名录，占全市（110个）中国传统村落的68%。全市少数民族地区有中国历史文化名镇4个（石柱西沱镇、酉阳龙潭镇和龚滩镇、黔江濯水镇）、市级历史文化名镇5个、市级历史文化名村26个。有中国少数民族特色村寨26个、市级少数民族特色村寨和村镇94个。市级历史文化名村中，共吸纳10个中国少数民族特色村寨，另有10个“民族特色型”名村入选。此外，我市少数民族地区还分布有国家级传统文化村落42个，彭水县绍庆街道阿依河村为全国特色景观旅游名村。

重庆少数民族地区中国传统村落获中央专项资金1.59亿元，重点实施了人居环境整治和传统建筑修缮。我市还先后向石柱县金岭乡银杏村、悦崃镇新城村等5个少数民族传统村落，拨发市级专项资金1250万元，占全市(3500万元)的35.7%，建设少数民族传统村落市级示范点。争取酉阳县后溪村进入第一批国保、省保集中成片传统村落保护项目，投入750万元，对白氏祠堂、彭氏宗祠、后溪洋屋和高氏宗祠4处建筑文物进行整体保护利用，探索文物部门主导、乡镇政府配合、文化乡贤参与的酉阳后溪村保护传承模式。围绕保护发展传统村庄格局、建筑风貌、历史遗存、非物质文化遗产和改善人居环境等方面，编制村落保护发展规划53个，占全市(84个)的63%，对土家族、苗族等少数民族优秀传统文化进行了调查和梳理，并明确了传承要求。注重挖掘传承少数民族传统建筑装饰艺术，指导少数民族地区传统村落按照不同地域、不同民族和不同时代特点修缮保护建筑，力图将民族图腾、民族习俗等呈现于传统村落。黔江区小南海镇新建村等少数民族传统村落成功入驻中国传统村落数字博物馆，直观形象地展示了土家族、苗族传统文化。

国家级、市级历史文化名镇均已编制保护规划，设定保护标志牌，开展相关历史文化保护工作。积极支持实施石柱西沱镇、黔江濯水镇等历史文化名镇文物整体修缮与合理开放利用。黔江濯水古镇正在积极争创国家5A级旅游景区，酉阳龚滩古镇、彭水蚩尤九黎城被命名为国家4A级旅游景区，秀山洪安镇被命名为国家3A级旅游景区，石柱西沱镇被命名为国家旅游新干线试点镇。2017年，酉阳龚滩古镇成为“最受全国网民喜爱的十大古村镇”。

截至目前，重庆市共下拨民族特色村镇保护与发展专项补助资金1.46亿元，并整合其他类资金10多亿元用于特色村寨的保护利用工程。积极支持各区县(自治县)加强基础设施建设，改善人居环境，采取“编印一本书、录制一张光碟、编创一台剧目、增添一批民族文化元素、培训一批民族特色餐饮、培训一批解说人员、传承一批非遗项目、建设一批民族文化陈列馆、开发一批民族民间工艺品、举办一系列民族节庆活动”等措施，大力实施少数民族特色村镇民族文化提升行动，将少数民族特色村镇的传统民居保护、民族文化传承、人居环境整治有机结合起来，助推提档升级。对濒临消亡，有历史文化价值的村镇，扶持农户对民居进行保护性修缮，尽量保持其原有建筑风格和村镇风貌。对优选的特色村寨和村镇开展重点保护，并打造精品特色村镇。

(六)加强文旅融合，助推民族地区经济发展

我市充分发挥民族地区自然、人文、生态优势，推进文旅融合重点项目。打造濯水古镇非遗小镇；挖掘土家族文化、土司文化、巴盐文化等旅游文化资源，对土司城和西沱古镇进行提档升级；在阿依河景区、乌江画廊、蚩尤九黎城、郁山古镇精品景区植入民族文化元素；挖掘农耕文化、土家民俗文化，打造龚滩古镇等旅游景区；建设武隆游客服务中心和乌江博物馆。支持彭水蚩尤九黎城、石柱万寿寨、濯水古镇等少数民族特色村镇举办民族文化节庆活动。做好渝东南生态民族旅游文化节、秀山花灯文化艺术节、石柱土家民俗文化节、彭水娇阿依民族文化艺术节、酉阳桃花源土家摆手舞节等民族特色节庆品牌活动。推出"舞悦黔江"音画诗、"云上太阳"歌舞诗、"太阳出来喜洋洋"音乐剧、"梦幻桃源"实景剧等大型民族歌舞精品剧目；策划"重庆主城+渝东南""张家界+凤凰+秀山+酉阳"等旅游精品线路，积极开展文化产品及衍生品线下展示和线上销售业务，促进文化与旅游深度融合发展。

充分利用少数民族传统村落、名镇名村、特色村寨等文化空间资源，设置民族标志，发展观光旅游、生活体验、休闲康养等，以"村"带"游"、以"游"促"村"，使乡村旅游、工艺品制作、餐饮等特色文旅产业在群众脱贫致富中发挥越来越重要的作用。酉阳县特色村镇2019年累计接待旅客80万人次，实现旅游综合收入近3亿元；黔江濯水古镇、彭水蚩尤九黎城、酉阳龚滩古镇等一批村镇旅游经济快速发展，石柱县冷水—黄水旅游带、云阳县清水土家族乡旅游产业成为支柱产业。

积极在"一区两群"布局中规划"武陵山区文旅融合发展示范区"。起草《关于建立健全"一区两群"协调发展机制的实施意见》，将保护弘扬少数民族文化、推动渝东南武陵山区文旅融合发展示范区国家级创建作为重要内容。在渝东南武陵山区城镇群建设方案中，重点围绕文旅融合示范区建设，提出了推进全域文旅融合发展、强化文旅深度引领的建议，针对性制定了财政扶持、投融资扶持、资源要素支持、人才要素保障等政策措施。相关部门正研究制定《渝东南武陵山区城镇群文旅融合发展先行先试行动方案(2020—2022年)》，初步提出实施八大行动57项工程，推动建设渝东南武陵山区城镇群文旅融合示范区。

(七)开发民族文化产品，塑造特色产业品牌

通过深度挖掘少数民族地区文化资源和文化特色，开发了一系列民族文化产品，如彭水县"不老泉"太极水，黔江区土家织锦，石柱县金音石砚、土家服饰，秀山县金珠苗绣、紫砂石壶、花灯，酉阳县苗绣、根雕奇石等。秀山县2020年5月还向社会公布了《秀山自治县民族文化旅游优质商品目录(第一批)》，近40项民族文化旅游商品被列入其中；多项少数民族文化产品获得国家民族文化产品专利以及优秀文化旅游产品奖项。

抓住文旅融合发展机遇，推动了一批民族文化产业项目的实施，形成了一批文化产业集聚区。石柱县的万寿古寨、彭水县的阿依河乡村文化乐园入选2017年第一批市级乡村文化乐园。秀山县的中国微电影城入选2018年第一批市级文化创意产业园。石柱县天上黄水大剧院入选2015年第三批市级文化产业示范基地，黔江区的重庆爱莉丝庄园文化创意有限公司和酉阳县酉州苗绣、西兰卡普文化产业基地入选2017年第四批市级文化产业示范基地。

加强民族特色饮食开发。据美团点评统计，截至目前，我市有土家族、苗族等少数民族特色餐厅

2000余家，代表性的品牌餐饮有武陵山珍、黔江鸡杂，特色美食有油茶汤、腊肉、社饭、鲊广椒、蒸扣肉、蓑衣饭、蒿子饭等。全市另开设有清真餐厅5家，其中较场口中兴路穆斯林大厦庆聚斋清真餐厅和渝北新牌坊新疆绿翔食府最有名。在加大少数民族特色饮食开发的同时，积极创新民族特色美食节会，如石柱黄水仲夏美食季、酉阳桃花源美食节、彭水"名特美食·名优农产"推介交流会、秀山渝东南民族美食节等。一些民族特色饮食列入市级非遗项目。通过师带徒、专业培训、人才流动，培养民族美食特殊技艺传承人。

（八）扎实推进民族文化进校园，铸牢中华民族共同体意识

2014年以来，全市累计投入资金5600余万元，在350余所中小学校（中职）开展以制作一批民族文化宣传栏（长廊），购置一套民族服装，编排一套歌舞节目，传承一批民族"非遗"，普及一批民族体育项目，推广一套民族健身操，编印一本校本教材，建设一批民族标志建筑为主要内容的民族文化进校园活动。如今，黔江民族中学、秀山民族小学、武隆浩口中心小学、奉节龙桥中心小学、重庆文理学院附中等一大批学校民族文化氛围浓厚，在校园建设了民族文化墙、民族文化长廊、民族特色校门；购置了民族服饰、民族乐器、民族体育器材；编印了《蜡染》《我爱土家》《苗族风俗习惯》《木叶吹奏传承读本》等教材；开设了苗族刺绣、蜡染、木叶吹奏、土家摆手操、"苗汉"双语等课程。

为深入推进民族文化进校园工作，自2016年起，每年组织开展民族教育特色学校创建工作，西藏中学、酉阳民族小学等25所学校成功入选。民族教育特色学校创建对规范学校民族教育工作、培育民族教育特色、彰显民族教育文化、提高全市中小学民族团结教育质量起到了积极作用。在民族地区设立高中课程创新基地4个，支持开发精品选修课程35门，立项教育教学改革研究课题27项，唢呐、蜡染、锣鼓、竹铃球、土家花样跳绳等民族传统文化体育全面融入中小学教学内容和课堂教学。

三、保护和弘扬少数民族优秀传统文化工作中存在的主要问题与矛盾困难

虽然我市保护和弘扬少数民族优秀传统文化工作取得了一定成绩，但按照新时代加强民族团结的新理念、新思路，对照传承和弘扬中华优秀传统文化与涵养社会主义核心价值观，全面建成小康社会的目标要求，还存在一些问题，工作中还有不少矛盾和困难。

（一）对保护和弘扬少数民族优秀传统文化的认识和重视程度还不够

由于少数民族聚居区相对偏远、落后，人口占有比例相对偏低，少数民族文化保护传承工作并没有在整体工作中凸显，重要性尚未得到彰显；一些职能部门对该项工作的认识不足、重视不够，有的工作人员还有畏难情绪，一些工作甚至停留在口头上、计划中；同时，有的少数民族地区民众对自身民族文化认同意识淡漠，这在年轻人中相对突出；文化空间和承担文化空间的场所变化加快，导致少数民族传统文艺、民间工艺、民族故事濒临失传。

(二)保护和弘扬少数民族优秀传统文化工作的基础保障还较薄弱

近年来,中央和市级各部门不断加大对保护和弘扬少数民族优秀传统文化的财政投入力度和政策扶持力度,但整体投入与保护的需求仍存在较大差距。一是民族文化保护资金投入不足。民族地区财力普遍有限,国家和市级财政投入也不多,公共文化基础设施建设相对滞后,文化遗产保护资金捉襟见肘,甚至有的影响到保护工作的正常开展。二是民族传统文化保护传承机构和人员队伍建设亟待加强。对传统文化进行挖掘、保护、传承、研究的人员还比较短缺,尤其是专业人才较少,基层文化工作人员的整体素质与当前保护和弘扬民族文化的工作需求不相适应,普遍存在人员老化、中层业务管理人员缺乏的现象。三是文化和旅游公共服务发展相对滞后。尽管各地公共文化设施均已达到统一建设标准,但不同少数民族所在地发展不平衡,且由于管理不善、交通不便、服务单一等原因,加之受到农村空心化影响,作用发挥受限;现有的旅游公共服务基础设施较差,体现民族文化特色的传统民居等未被有效利用,不能满足文旅融合发展要求,旅游公共服务质量跟不上,管理水平有待提高。

(三)保护和弘扬少数民族优秀传统文化工作的措施有待深入实施

目前,我市少数民族优秀传统文化保护传承各项工作较为分散,缺少深入性、系统性、整体性。一是对少数民族优秀传统文化资源掌握不够深入,少数民族聚居区管理干部、特别是文化干部对文化资源了解不够,还有很多有特色的少数民族优秀传统文化资源散落在民间。二是保护措施较为单一,很多地方政府在执行中央、市级相关政策和文件时,未根据自身具体情况制定落实方案、具体措施,大而化之,缺少创造性。三是缺少促进和鼓励优秀文化传承的有效措施。受到现代文化冲击,一些年轻人不愿意传承传统文化,传承人在传承方式上缺少创新,出现有的优秀民族文化资源后继乏人、青黄不接,或者传承人空缺现象。

(四)对少数民族优秀传统文化的合理利用水平有待提高

民族传统文化的合理利用是民族文化自身造血功能的体现,而民族优秀传统文化是合理利用的核心。目前,首先是对存在的困难矛盾科学研判不足。特别是对民族传统文化与现代时尚文化的对接不够、对民族聚居区人口的减少对民族物质文化遗产传播造成的影响研判不够、对民族传统生活习惯与现代生活习惯的融合办法不多、对民族传统文化的创意设计科学转化不够。其次,对民族传统文化的普及教育力度不够,传播推广范围和途径有限。再次,优秀传统文化资源自身造血发展的能力较弱。当前,各区县积极争取少数民族特色文化资源项目申报,但“重申报、轻利用”,缺少申报成功后传承利用的思考。特别是现有的少数民族文物合理利用率偏低,随意拆除和破坏文物的现象时有发生。文化遗产潜在价值开发不够,与经济结合度不高。同时,在合理利用过程中,重表面、轻核质,模仿多、创造少,存在发展同质化现象。

（五）相关部门尚未形成保护和弘扬少数民族优秀传统文化的工作合力

我市少数民族文化保护弘扬工作，无论是市级层面还是区县层面，涉及多个方面，各个职能部门大多针对各自特点和要求开展工作，因此缺少整体规划、缺少整体协调，工作中存在点状性、重复建设等问题。

四、关于保护和弘扬少数民族优秀传统文化工作的建议

党中央高度重视中华优秀传统文化保护传承工作。习近平总书记曾强调：多民族是我国一大特色，是我国发展的一大有利因素。要着力增强民族地区自我发展能力和可持续发展能力，尊重民族差异、包容文化多样，让各民族在中华民族大家庭中手足相亲、守望相助、团结和睦、共同发展。2019年7月，习近平总书记在内蒙古考察调研时指出，我国是统一的多民族国家，中华民族是多民族不断交流交往交融而形成的。中华文明植根于和而不同的多民族文化沃土，历史悠久，是世界上唯一没有中断、发展至今的文明。

我们要认真贯彻落实习近平总书记重要指示批示精神，从满足人民美好生活需求出发，大力保护和弘扬少数民族优秀传统文化。结合重庆实际，我们提出以下几点建议：

（一）加强领导、统一思想，强化对保护和弘扬少数民族优秀传统文化的认识

要以习近平新时代中国特色社会主义思想为指导，认真贯彻民族团结统一思想，从统筹推进“五位一体”总体布局、协调推进“四个全面”战略布局和坚持“四个自信”的高度去认识、重视少数民族优秀传统文化建设，要将保护和传承民族文化融入习近平总书记对重庆提出的“两点”定位、“两地”“两高”目标、发挥“三个作用”和营造良好政治生态的重要指示要求之中，做好顶层设计，加强工作统筹，整合各种资源，实施有效保护和弘扬措施。特别是民族聚居区的政府机构，要把这一工作作为中心工作。设立有民族乡的区县要做经常性的专题研究。文化部门和相关部门，要将保护和弘扬少数民族优秀传统文化列入工作重点，要有工作计划和任务清单。

（二）坚持政府主导、加大投入力度，夯实保护和弘扬少数民族优秀传统文化的基础保障

在政策制定、机构人员配置、财税扶持、服务平台、发展环境等方面给予重点支持，为全面提升少数民族文化保护传承水平提供保障条件。坚持政府主导，加大财政投入力度，引入更多社会资源和力量，强化保障机制建立；注重人才培养，构建市、区县、乡镇人才三级体系。建立专家咨询机制，壮大研究人才队伍，加强志愿者队伍建设；按照建设美丽乡村的总体要求，改善少数民族聚居区人居环境。结合保留少数民族乡村风貌，彰显少数民族文化特色的需要，开展环境治理和风貌打造工程。继续完善少数民族地区公共文化和旅游基础设施建设，特别是抓好传统文化阵地提档升级，数字文化阵地拓展覆盖。

(三)加强挖掘整理、科学研究,着力提升少数民族优秀传统文化影响力

按照培育和践行社会主义核心价值观、坚定文化自信、发扬中华优秀传统文化的基本要求,开展少数民族优秀传统文化资源普查,深入挖掘民族文化内涵,充分掌握民族文化各种形态,建立各少数民族优秀传统文化资源库;持续开展传统村落、少数民族特色村镇、文化遗产、历史建筑、古籍等调查和研究,积极申报各级各项保护名录,编制或修订保护计划、保护方案,按照分级分类原则构建保护利用项目库;积极开展科学研究,按照总体与分类结合、片状与点状结合、传统与现代结合、保持与利用结合思想,通过计划性系统研究,力争通过5—8年的努力,形成一批以大武陵为主体的系列研究成果。

(四)坚持创造性转化和创新性发展,提高少数民族优秀传统文化合理利用水平

要把少数民族优秀传统文化贯穿全市经济社会发展始终,加大少数民族优秀传统文化普及教育力度,持续推进少数民族优秀传统文化进校园工程;以少数民族传统体育基地建设,民族运动会为载体,做好我市民族体育推广普及工作。支持开展民族文艺创作,鼓励少数民族文艺作品积极参与全国性奖项评选;大力扶持少数民族文艺院团建设,支持打造民族文化文艺精品。发展文化创意产业,推动文化产业项目在少数民族地区落地,研究设立支持民族文化产业发展基金。抓好少数民族文化品牌培育,结合民族传统工艺、特色产品、特色餐饮、特色街区、特色村寨、特色旅游,壮大民贸民品企业,培育知名传统工艺品牌。推进少数民族非物质文化遗产的保护利用,创新传承和展示方式,使少数民族优秀传统文化更好地融入现代生活。

(五)深入推进少数民族文化与旅游融合发展,促进少数民族优秀传统文化传承传播

按照因地制宜、分类发展原则,提高少数民族聚居区文旅融合发展水平。推动景区积极彰显民族优秀传统文化精神实质和文化内核;推动民族传统工艺、特色产品、特色餐饮、特色音乐进入景区,丰富消费品种;鼓励景区及社会力量依托少数民族优秀传统文化资源,开发文化创意产品;对尚未建立景区和不具备设立景区条件的地区,鼓励结合美丽乡村建设开发乡村文化乐园,发展民族特色乡村旅游。促进少数民族传统村落、特色村镇、历史文化名镇、历史建筑保护工作,注重与发展旅游相结合。加强对少数民族地区历史建筑的修缮保护,分级分类建立传统村落保护发展项目库,制定传统村落旅游发展计划。积极争创国家文旅融合示范区,按照政府关于打造重庆武陵山区文旅融合发展示范区的要求,认真做好《重庆市渝东南武陵山区文旅融合发展示范区规划》编制和实施工作。

(六)重视对外交流,推动少数民族优秀传统文化"走出去"

充分利用少数民族优秀传统文化加强影视创作、文学创作、艺术创作。积极争取国家级文化下基层活动走进我市民族地区,支持民族地区文化艺术骨干人才参加对外展演和国家级专业培训,积极开展市外民族文化学习交流活动。积极承办国家级少数民族文艺展演、文艺评比、文化交流。支持我市少数民族优秀文化参加国际交流展示，加强少数民族文化旅游融合推介活动，充分展示我市少数民族文化取得的新发展、新成就。

（七）加强统一规划，统筹推进保护和弘扬少数民族优秀传统文化

针对少数民族优秀传统文化资源挖掘整理、传统村落保护、推动民族文化创造性转化和创新性发展等重点工作研究制定相关措施；建立少数民族文化保护职能部门统一协调机制，形成合力、整合资源，使民族文化保护弘扬产生实效；统筹推进渝东南武陵山区土家族苗族文化生态保护实验区整体保护，对渝东南武陵山区文旅融合发展示范区进行整体打造。加强区县（自治县）保护弘扬少数民族优秀传统文化指导，并纳入国民经济社会发展规划纲要，加强政府考核力度。

贯彻落实《重庆市实施〈中华人民共和国公共文化服务保障法〉办法》
——推进公共文化服务持续健康发展

重庆市文化和旅游发展委员会公共服务处

《重庆市实施〈中华人民共和国公共文化服务保障法〉办法》(以下简称《实施办法》)于2020年6月5日经重庆市第五届人民代表大会常务委员会第十八次会议通过,于2020年8月1日起施行。该办法进一步完善了我市文化法规体系,为进一步明确政府责任、加强设施管理、丰富服务供给、强化保障措施提供了法规依据。

一、制定《实施办法》的背景、立法思路和重要意义

《中华人民共和国公共文化服务保障法》(以下简称《保障法》)实施以来,重庆市公共文化服务体系建设取得了显著成绩,但由于底子薄,欠账多,与人民群众日益增长的精神文化需求相比,仍有一定差距。尤其在设施建设、服务提供、运行机制、财政投入、监督评价方面,《保障法》的规定需要地方细化落实。在这样的背景下,2018年,重庆市第五届人大常委会将《实施办法》列为立法规划审议项目,作为民生领域重要立法项目进行推进。2019年,重庆市人大常委会立法计划和市政府立法工作计划,均将《实施办法》列为审议项目。

制定《实施办法》按照“不重复上位法”的原则,在立法思路上主要考虑了三个方面。一是针对问题立法。不追求系统全面,定位为实施办法,坚持有什么问题就解决什么问题。二是突出地方文化特色。将地方特色文化引入公共文化服务,列入实施标准和服务目录,逐步形成区域特色。三是增强可操作性。对《保障法》的一些规定,《实施办法》进行了细化,增强了可操作性。比如,优惠服务如何收费,如何列入财政预算,等等。

《实施办法》的制定出台,对重庆市公共文化服务具有重大的意义。

一是完善了重庆市文化法规体系,提高了公共文化体系建设法制化水平。《实施办法》的出台,弥补了我市公共文化领域立法的短板,对推进公共文化服务工作的法制化、规范化具有重要意义。

二是为各级政府推进公共文化治理能力现代化提供了法规依据。公共文化服务是地方政府的

基本职能,《实施办法》进一步界定了市、区县(自治县)、乡镇(街道)三级政府在公共文化服务中的责任和义务,为三级政府履行公共文化服务职责提供了更加具体的法规依据。

三是为人民群众的基本文化权益提供了法律保障。《实施办法》坚持以人民为中心的导向,强调保障人民群众基本文化权益,为保障人民群众享受文艺演出、陈列展览、电影放映、广播电视节目收听收看、阅读、艺术培训、参加公共文化活动等基本服务,提供了更加坚实的地方立法支撑。

二、《实施办法》的主要内容

《实施办法》分总则、公共文化设施建设与管理、公共文化服务提供、保障措施、法律责任、附则,共六章五十三条。主要内容包括明确政府的人财物保障职责、明确文化主管部门牵头齐抓共管工作格局、明确公共文化设施规划建设与服务标准、明确公共文化服务提供标准与加强服务供给四个方面。

(一)明确政府的人财物保障职责

1.设施建设方面

《实施办法》第十一条规定,公共文化设施专项规划纳入城乡规划或国土空间规划。

《实施办法》第十四条明确了根据城乡公共服务设施规划标准和公共文化设施专项规划,各级政府必须建设的设施清单和鼓励建设的设施清单。作为规定动作,市级应当建有公共图书馆、群众艺术馆、博物馆、美术馆、非物质文化遗产传习展示馆、青少年活动中心、老年人活动中心、妇女儿童活动中心、科技馆、体育场馆、文化宫、广播电视播出传输覆盖设施等公共文化设施。区县(自治县)应当建有公共图书馆、文化馆、体育场馆、青少年活动中心、广播电视播出传输覆盖设施。乡镇(街道)、村(社区)应当建有综合性文化服务中心。

2.财税保障方面

《实施办法》第四十一条规定,市、区县(自治县)政府应当将公共文化设施的建设维护、免费开放,公共文化服务目录项目,政府购买服务项目所需经费纳入财政预算。同时,市级财政应当通过转移支付等方式支持公共文化薄弱地区开展公共文化服务。机关、企业、学校等单位的文化设施向公众免费开放的,市、区县(自治县)同级财政应给予其一定补助。

第四十六条规定,公民、法人和其他组织通过公益性社会团体或者县级以上人民政府及其部门,捐赠财产用于公共文化服务的,依法享受税收优惠。

3.人员保障方面

《实施办法》第四十二条规定,各级人民政府应当按照公共文化设施的功能、任务和服务人口规模,合理设置公共文化服务岗位数量、分布、聘任条件和岗位说明书,并按照有关规定,配备相应专业人员。公共文化设施服务岗位人员配置不足的,其管理单位可以通过与社会运营机构签订服务协议等购买服务方式配置专业人员。

第四十三条规定，市、区县（自治县）文化主管部门应当会同有关部门制定公共文化服务人员培训计划，公益性文化单位应当根据不同岗位要求，制定工作人员培训方案，开展分级分类培训，提高从业人员的职业素养和服务能力。

4.绩效考核方面

《实施办法》第四十四条规定，市、区县（自治县）人民政府应当建立健全公共文化服务资金使用的监督和统计公告制度，加强绩效考评，确保资金用于公共文化服务。

第四十五条规定，各级人民政府应当建立有公众参与的公共文化设施使用效能考核评价制度与公共文化服务考核评价制度，建立健全第三方评价机制，加强对公共文化服务工作的监督检查，定期组织开展本行政区域内公共文化服务的考核评价工作，并将考核评价结果向社会公布。

（二）明确齐抓共管工作格局

《实施办法》第三条规定，市、区县（自治县）政府应当加强对本行政区域内公共文化服务工作的领导，建立健全公共文化服务统筹协调机制。

《实施办法》第四条规定，市、区县（自治县）文化主管部门负责本行政区域内的公共文化服务工作。市、区县（自治县）新闻出版、电影管理机构按照国家和本市相关规定负责本行政区域内的相关公共文化服务工作。市、区县（自治县）发展改革、教育、科技、司法行政、财政、规划自然资源、住房城乡建设、市场监督管理等部门在各自职责范围内负责相关公共文化服务工作。工会、共青团、妇联等人民团体和社会组织应当结合工作实际，开展相关公共文化服务工作。

（三）明确公共文化设施规划建设与服务标准

1.明确公共文化设施建设要求

《实施办法》第十二条规定，任何单位和个人不得侵占公共文化设施建设用地或者擅自改变其用途。

第十三条规定，公共文化设施的选址，应当遵循人口集中、交通便利、方便群众参与且易于疏散的原则。公共文化设施的设计和建设，应当满足实用、安全、科学、美观、环保、节约和便民的要求，并符合国家相关建设标准。

2.健全公共文化设施服务标准

《实施办法》第十八条规定，市文化主管部门会同有关部门，制定各类公共文化设施基本服务规范。公共文化设施管理单位可以根据设施的功能、用途，制定高于基本服务规范的服务标准并向社会公布，接受社会监督。

3.加强公共文化设施管理

《实施办法》第十九条规定，公共文化设施管理单位应当加强公共文化设施经常性维护管理工作，保障公共文化设施的正常使用和运转；应建立健全安全管理制度，保障公共文化设施和公众安全。

第二十条规定，公共文化设施管理单位应当公示意见反馈渠道，接受公众的意见建议和监督投诉；应当建立公共文化设施资产统计报告制度，向社会公布活动项目、服务效能、经费使用等公共文化服务开展情况，接受社会监督。

4. 实施免费开放设施公示制度

《实施办法》第二十七条规定，市、区县（自治县）人民政府应当根据经济社会发展水平和公众文化需求，确定并公布免费开放的公共文化设施目录以及有关信息。公共文化设施管理单位应当将免费开放的公共空间、基本项目、服务时间、服务规范等信息在服务场所显著位置和公共数字文化服务平台上公示。公共文化设施因维修等原因需要暂时停止开放的，应当提前告知公众；因突发性原因临时停止开放的，应及时告知公众。

5. 鼓励社会力量参与公共文化设施建设

《实施办法》第十四条规定，有条件的旅游服务中心、旅游景区、旅馆等场所可以因地制宜配备相应的公共文化设施。

第十五条规定，鼓励和支持房地产企业在居民住宅区开发建设中增加设置公共文化设施。

第十六条规定，鼓励和支持医院、养老院、福利院、疗（休）养院等场所，配套建设满足特殊群体特点和需求的公共文化设施。

第二十一条规定，鼓励和支持公民、法人和其他组织兴建、捐建或者与政府部门合作建设公共文化设施。

（四）明确公共文化服务提供标准与加强服务供给

1. 制定基本公共文化服务实施标准

《实施办法》第五条规定，市人民政府应当根据国家基本公共文化服务指导标准，结合本市实际需求、财政能力和文化特色，制定和调整本市基本公共文化服务实施标准；区县（自治县）人民政府应当根据国家基本公共文化服务指导标准、本市基本公共文化服务实施标准，结合本地实际需求、财政能力和文化特色，制定和调整本地公共文化服务目录并组织实施。

第二十四条规定，市、区县（自治县）文化主管部门要定期组织开展公众文化需求征询，并将公众文化需求作为制定和调整公共文化服务实施标准或目录的依据。

2. 推进公共文化服务数字化、均等化建设

《实施办法》第二十五条规定，市、区县（自治县）人民政府应当加强本行政区域公共文化设施的数字化和网络化建设，实现公共数字文化服务全覆盖。市文化主管部门应当按照国家公共数字文化建设标准，建设全市公共文化信息资源库和公共数字文化服务平台，并纳入本市政务数据信息平台，实现全市公共数字文化服务共建共享。公益性文化单位应当加强数字化和网络化建设，按照有关规定及时向公共数字文化服务平台提供相关数字资源。

《实施办法》第三十一条规定，区县（自治县）人民政府要建立公共图书馆、文化馆总分馆制度，开展流动服务点建设，同时鼓励和支持机关、企业事业单位以及其他社会组织参与分馆、流动服务点建设。

3. 丰富公共文化产品供给

《实施办法》第三十条规定，市、区县（自治县）人民政府应当挖掘特色文化资源，开展传统节庆、全民阅读、文艺演出、戏曲传承、展览展陈等文化活动，培育群众性文化活动品牌。

第二十八条规定，公益性文化单位应当向公众免费提供符合社会主义核心价值观的文艺演出、陈列展览、电影放映、广播电视节目收听收看、阅读、艺术培训等服务。

第三十二条规定，市、区县（自治县）电影管理机构应当组织开展农村电影放映和社区惠民电影放映活动以及校园惠民放映活动，加强爱国主义教育影片放映。

第三十三条规定，广播电视播出、传输机构应当播出和传输列入区县（自治县）公共文化服务目录的广播电视和网络视听节目。市、区县（自治县）应急广播系统应当与国家应急广播系统、相关信息系统互联互通、共建共享。

第三十四条规定，各级人民政府以及有关部门应当积极推进全民阅读，组织开展全民阅读活动，提供全民阅读服务。

第三十六条规定，各级人民政府应当举办全民艺术普及活动。

4. 保障特殊群体基本文化权益

《实施办法》第十六条规定，各级人民政府应当在务工人员较为集中的区域、留守老年人和妇女儿童较为集中的农村地区，以及机场、车站、码头、广场等人员流动较大的公共场所，配备公共文化信息发布窗口、阅报栏（屏）等设施设备，采取多种形式，提供便利可及的公共文化服务。

第二十七条规定，法定节假日和学生寒暑假期间，公共文化设施管理单位应当适当延长免费开放时间。

第二十九条规定，公共文化设施开放收取费用的，应当每月定期向中小学生免费开放。

第三十四条规定，鼓励社会组织和个人为养老院、福利院等提供公益性阅读推广服务。

第三十七条规定，学校应当结合实际，开展中华优秀传统文化通识教育，组织戏曲进校园、走进博物馆等活动。

5. 鼓励支持社会力量参与提供公共文化服务

《实施办法》第二十一条规定，鼓励和支持机关、企业、学校等单位将其文化体育设施向公众免费或者优惠开放。

第二十五条规定，鼓励和支持公民、法人和其他组织依法向公共数字文化服务平台提供数字资源。

第三十条规定，支持和引导创作生产具有巴渝地方特色的优秀公共文化产品，支持开展优秀文化活动。

第三十一条规定，鼓励和支持机关、企事业单位及其他社会组织参与图书馆、文化馆分馆建设，流动服务点建设。

第三十六条规定，鼓励和支持演出场所经营单位提供惠民演出票或惠民演出专场。鼓励和支持文艺表演团体开展艺术普及、戏曲传承活动。

第三十八条规定，鼓励和支持公众主动参与公共文化服务，自主开展健康文明的群众性文化活动。

第三十九条规定，鼓励和引导社会资本或文化企业参与公共文化服务体系建设、提供公共文化服务等。

第四十条规定，各级人民政府鼓励和支持文化志愿服务。

6.实行收费项目审批制度

《实施办法》第二十九条规定，公共文化设施管理单位提供的收费服务项目应当优惠，收费项目和收费标准应当按照规定报请发展改革部门批准后予以公布。收取的费用，应当用于公共文化设施的维护、管理和事业发展，不得挪作他用。

三、抓好《实施办法》的贯彻落实

法律的生命力在于实施，法律的权威也在于实施。习近平总书记指出：“有了法律不能有效实施，那再多法律也是一纸空文，依法治国就会成为一句空话。”目前我们的主要任务就是要宣传普及好《实施办法》，贯彻落实好《实施办法》，使法律规定成为政府提供公共文化服务、社会力量参与公共文化服务、人民群众享用公共文化服务的准绳。重庆市文化和旅游发展委员会已经下发了专门的宣传贯彻落实方案，主要抓好四个方面工作。

一是广泛开展普法宣传。各区县（自治县）文化旅游委要落实“谁执法，谁普法”的责任，将《实施办法》的学习宣传纳入普法工作计划，重点宣传《实施办法》重要意义、主要内容和取得的工作成绩，要通过开设专栏、专题节目等方式进行持续报道，营造声势，形成热度。各级文化馆、图书馆、博物馆以及综合性文化服务中心要充分发挥阵地作用，设置宣传专栏，张贴宣传海报，摆放相关图书以及宣传手册，并利用官方网站开展宣传，面对社会公众做好《实施办法》宣传工作。

二是持续推进重点任务。各区县（自治县）文化旅游委要将《实施办法》的贯彻落实与当前的重点工作紧密结合起来，推进各项重点任务顺利完成，要加快完善公共文化设施网络，加强优质公共文化产品供给，不断提高服务效能。实施标准化建设，全面落实国家基本公共文化服务指导标准和重庆市实施标准。推进均等化发展，大力开展文化精准扶贫，稳步推进城乡一体化发展。激发社会活力，鼓励支持公民、法人和社会组织参与公共文化服务。实现数字化覆盖，切实提升数字文化服务能力和水平。进一步深化改革，推进基层综合文化服务中心建设，示范区创建，公共图书馆、文化馆总分馆制等相关改革任务落实。

三是推进具体制度落地。各区县(自治县)文化旅游委要结合自身实际，制定设施专项规划，征求需求，制定服务目录(特色项目)，组织设施单位制定更高的服务规范，思考岗位设置和人员配备，报批优惠服务项目，对照公示、报告制度，检查是否存在差距，推动主要制度落地。

四是发挥牵头抓总作用。市和区县(自治县)人民政府要以贯彻《实施办法》精神为契机，进一步完善统筹协调机制的作用，把新闻出版、电影、科协、体育、司法、教育、工青妇等部门统筹起来，建立大文化工作格局。文旅部门在专项规划编制、服务目录制定、需求征集等方面要加强与其他部门的沟通衔接。

最后，文旅部门要把《实施办法》的学习宣传与推进重点任务落实结合起来；与落实“十三五”规划、谋划“十四五”规划重点结合起来，促进公共文化事业全面发展；与推进基本公共文化服务标准化建设、完善公共文化服务设施网络结合起来；与深化公共文化服务领域改革、优化公共文化服务供给结合起来；与深化成渝两地合作、推进“一区两群”协调发展结合起来；与强化投入、人才、政策保障，激发公共文化服务活力结合起来，形成公共文化服务持续健康发展的生动局面。

重庆市公共文化服务体系建设的对策研究

钟前元

（重庆市文化和旅游发展委员会）

公共文化服务是政府基本职能，既是文化工程，更是民生工程。党的十八大要求“加强重大公共文化工程和文化项目建设，完善公共文化服务体系，提高服务效能”，十八届三中全会把构建现代公共文化服务体系作为深化文化体制改革的重要内容，对其做出了重大部署。中共中央办公厅、国务院办公厅印发了《关于加快构建现代公共文化服务体系的意见》，并配套出台了公共文化服务指导标准。按照中央部署，重庆市以推动高质量发展、创造高品质生活为目标，以改革创新为动力，在已有基础上，从完善阵地功能、实施重大工程、强化内容生产、保障服务供给、打造服务品牌等方面着手，加快推动现代公共文化服务体系建设，取得了一定成绩，群众的文化获得感明显增强。

一、基本情况

（一）公共文化设施逐步完善

巩固传统文化阵地，不断增强服务功能。党的十八大以来，重庆公共文化设施总投资60亿余元，新建成14个市级文化设施；新改扩建区县图书馆23个、文化馆20个，图文两馆达国家等级馆率分别为100%、95.12%；新建博物馆42个，总数达到106个；实施区县广播电视台标准化建设，全市6家广播电视台达到一级台标准，21家广播电视台达到二级台标准，12家广播电视台和新闻中心达到三级台标准；改造高山无线发射台站50个；升级乡镇（街道）文化站、村（社区）综合文化服务中心，全市建成794个乡镇、223个街道、7992个村、3107个社区综合文化服务中心，覆盖率分别达到99.5%、99.11%、99.92%、99.59%。建成8318个农家书屋、10000余个农村文化中心户（文化大院）。据统计，截至2019年，我市每万人拥有文化馆站面积309平方米、公共图书馆面积118平方米、博物馆面积228平方米。

建设新型文化阵地，拓展公共文化服务渠道。建成数字图书馆43家、数字文化馆43家、85个24小时自助图书馆；建成重庆网络电视台，用户数达500余万个，日均点击量超过520万次；建成交互式网络电视（IPTV）集成播控平台，用户数达200余万个；进行有线网络数字化双向改造，在册用户数达到688万个。依托重庆有线电视台，提档升级巴渝文旅云。将公共文化物联网升级为重庆群众文化云。

（二）重大惠民工程深化推进

继续实施系列文化惠民重大工程，并进行创新延伸，推动工程惠及更多群众。广播电视向户户通和数字化延伸，完成90万户农户直播卫星户户通工程和50座无线发射台站中央广播电视节目无线数字化覆盖工程；农村电影惠民放映向社区拓展，每年在社区放映1.2万场，面向农民工放映600场；试点推行乡镇数字影院与惠民电影放映结合，年购买4万场商业片，启用金属银幕1000套。实施流动文化服务进村民生实事，年投入6000余万元，年购买3.3万场演出进村，惠及群众3000余万人次。“渝州大舞台”每年送演出进基层活动1000场；在10所高校、100所中学、100所小学试点开展戏曲进校园活动。

（三）内容原创能力不断加强

内容是公共文化服务的核心，重庆市文化部门始终坚持抓原创，致力于推出思想性、艺术性、观赏性俱佳的精品力作。党的十八大以来，新创排演舞台艺术重点剧目32台，荣获省部级以上重要奖励和资助100余项；话剧《幸存者》荣获中宣部“五个一工程奖”优秀作品奖，杂技剧《花木兰》、话剧《三峡人家》、歌剧《钓鱼城》入选国家舞台艺术精品工程重点资助剧目，舞剧《杜甫》荣获中国舞蹈“荷花奖”舞剧奖；群文创作数量与质量并举，新创作优秀群文作品2345件，在第十一届、十二届中国艺术节上，《占座》《一分不能少》《龙把子》3个作品获得群星奖，获奖数量居全国前列；实施公共数字文化地方资源项目157个，数字资源总量已达200TB。

（四）公共文化服务标准落实

在国家指导标准基础上，结合重庆实际，制定市级公共文化服务实施标准，市民读书看报、看电影、看电视、看展览、听广播、搞活动等文化权益得到保障。全市公共图书馆、文化馆和乡镇（街道）综合文化站、村（社区）文化室全部免费开放，美术馆免费开放11家，年服务群众4700万人次以上。博物馆免费开放87家，每年推出展览约200个，接待观众近3000万人次。流动舞台车（含流动舞台）、流动图书车年惠及群众230万余人次。全民阅读活动广泛开展，年开展活动8000场次，重庆图书馆与主城九区图书馆实现“一卡通”。通过直播卫星提供100余套广播电视节目，通过无线数字电视提供15套以上电视节目。完善“群众点单、政府配送”渠道，公共文化物联网共建立公共文化志愿者团队1950个，志愿者达2.98万人，文艺演出、展览展示、文艺培训、文化讲座等文化服务产品1.36万个，群众累计预约申请文化配送9.58万次，完成文化配送9.56万次，惠及群众2273.8万人次。特殊群体文化服务进一步加强，蒲公英梦想书屋、共享工程农民工服务联盟、农民工网络购票、文化大礼包、困难群众子女艺术培训等服务活动持续开展，年惠及100万人次。年开展惠民电影放映约12万场，惠及群众约2000万人次。

（五）公共文化服务品牌众多

以品牌活动吸引群众参与公共文化建设、享受公共文化服务。专业艺术方面打造了重庆演出季、“渝州大舞台”送演出进基层、舞台艺术之星选拔比赛、声乐比赛、舞蹈比赛；群文艺术方面打造了社区文化节、乡村文艺会演、戏剧曲艺大赛、美术书法摄影联展、广场舞大赛；全民阅读方面打造了重庆读书月、“阅读之星”市民诵读大赛、“红岩少年”读书活动、“全民阅读推广大使”及“全民阅读示范单位”评选活动；文化遗产方面打造了文化遗产宣传月、民间文化艺术之星选拔赛；广播影视方面打造了公益广告扶持项目、微视频大赛、电影剧本征集评选资助项目、“农民工电影周”；新闻出版方面打造了印刷技能大赛。培育出三峡移民文化节、武陵山民族文化节等20个区县文化品牌，年均开展活动1.5万场，参与群众3000万人次。

二、主要做法

重庆市文化和旅游发展委员会按照中央和重庆市委、市政府的部署，结合群众精神文化生活需求变化，针对公共文化服务体系建设过程中出现的问题，不断开拓创新，努力探索构建现代公共文化服务体系建设的新路子，主要采取了五项举措。

（一）深化体制改革，激发发展动力

按照党的十八大和十八届三中全会要求，不断推动公共文化服务体制机制创新。成功申报国家公共文化服务体系示范区4个、示范项目8个，国家公共文化服务标准化试点城市1个，国家公共文化单位法人治理结构试点单位1个，全国基层文化队伍培训基地1个。其中，第一、二、三批国家级示范区（项目）通过国家验收，2个示范区、2个示范项目获得优秀等次。重庆图书馆理事会改革项目在文化部组织的专家评审中名列全国第三；17个区县文化馆组建理事会，20个区县图书馆组建理事会；全市建成39个图书馆总馆、39个文化馆总馆，建成1455个图书馆分馆、1119个文化馆分馆，总馆实现县级和区级两个100%建成，在乡镇（街道）全覆盖的基础上，建成一批社会分馆。注重设施效能改革创新，将“三馆一站”免费开放效能作用纳入区县党委、政府年终绩效考核。2019年6月，全国公共文化领域重点改革任务暨旅游厕所革命工作现场推进会在我市召开，雒树刚部长出席会议，与会代表对我市在多项改革推进中取得的好经验好做法给予了肯定。

（二）科学谋划全局，适时推动建设

按照“五位一体”总布局要求，根据重庆经济社会快速发展形势，推动重庆市将公共文化服务体系建设纳入了《重庆市国民经济和社会发展第十三个五年规划纲要》；国泰艺术中心、重庆市群众艺术馆新馆、大足石刻陈列总馆、重庆自然博物馆新馆等一批市级重大文化设施陆续建成并投用；在全国率先试点为基层购买文艺演出，总结推广为全市购买流动文化进村服务民生实事；率先借助互联网开展公共文化服务，建成全市公共文化物联网；在北碚区建成全国第一个数字文化馆；率先启动社区惠民电影放映和乡镇固定放映厅建设，惠及更多群众，优化观影环境；开展主城九区社区文化室标准化建设；率先推动广播电视从村村通向户户通延伸覆盖；投入2.13亿元分批次推进百县万村和民族县村级综合性文化服务中心示范点，实现贫困地区基层公共文化设施“反弹琵琶”。文旅融合试点走出新路，渝中区图书馆、江津区文化馆、奉节县平安乡综合文化服务中心、潼南区双江镇综合文化服务中心、渝北区牛黄村综合文化服务中心、南岸区四公里旅游集散中心、武隆仙女山镇游客服务中心入选国家文化和旅游公共服务机构功能融合试点单位，入选数量居全国第一。

（三）坚持城乡统筹，注重共建共享

根据重庆大城市与大农村并存的特殊情况，确立了城市文化“强身健体”、农村文化“固本强基”、城乡文化“互动共赢”的发展思路。实施了“渝州大舞台”活动，推动区县（自治县）图书馆、文化馆、电视台进行标准化建设，实施了高山无线发射台站改造，提升14个贫困区县（自治县）广播电视台制播能力，让城乡文化设施互联互通、城乡文化活动相互滋养。树立“大公服”理念，充分发挥“大部制”优势，在整合文化系统资源基础上，和市级各部门密切合作，共同推动全民阅读、全民普法、全民健身、全民科普和艺术普及、优秀传统文化传承活动在全市落地。

（四）强化发展保障，夯实发展基础

公共财政投入适度增长，较好地保障了公共文化服务体系建设和运行。坚持不懈抓公共文化服务队伍建设，落实好人员编制配备，通过行业技能大赛、全员培训轮训等方式，提升综合素质。目前，全市公共图书馆、文化馆、乡镇（街道）综合文化服务中心、村（社区）综合文化服务中心四级服务网络共有人员17459名。

（五）加强制度设计，建立长效机制

坚持以制度推动公共文化服务规范化、科学化、常态化。先后出台了重庆市加快构建现代公共文化服务体系实施意见和实施标准、《重庆市公共图书馆管理办法》、“三馆一站”免费开放工作实施方案及绩效评估工作方案、全市免费开放博物馆（纪念馆）绩效考核评估方案、社会博物馆免费开放绩效评估方案、政府购买公共文化演出实施方案、基层综合性公共文化服务中心建设实施方案、区县广播电视台标准化建设实施细则和评估办法、广播电视村村通向户户通升级实施方案、推进区县文化馆图书馆总分馆制建设的实施意见等一系列政策制度。加快推动公共文化服务立法，历经两年多的推动，《重庆市实施〈中华人民共和国公共文化服务保障法〉办法》正式出台，于2020年8月1日起正式施行，我市公共文化服务体系建设正式步入法制化轨道。

专家眼中的新媒体时代和文艺

编者按：

网络、移动和数字媒体的兴起和发展和文化艺术发生着密切关系，大大改变了人们的生活，也改变了视听习惯和生活追求。现邀请专家学者谈谈新媒体和文化艺术的关系，以及它们对人们现实和未来生活的影响。

我看新媒体时代

卫洪（中国作协会员、中国评协理事，重庆市评协秘书长）：

前几天，与一位文艺界的朋友聊天，不知怎么就扯到"抖音"上去了，朋友提高嗓门说："自从有了抖音，我不看报纸，也不看电视，只看抖音。"听其言，我心里真是猛地一抖，联想到自己仅仅学用抖音不过数月，现在也有些爱不释手的感觉了，更要命的是，咱俩都过了"知天命"的坎儿，早就不该这么缺乏定力了。

我们这批20世纪六七十年代出生的人，是亲身经历了新时代中国整个社会的信息化演进过程的。就我自己而言，经历了20世纪90年代引领潮流，到新千年熟练运用，到十年前勉强跟风，到现在逐渐落后的四个过程。20世纪90年代，我国的办公信息化尚处于起步阶段，信息化技术是当时最前沿、最时尚的知识，我通过艰难的自学，终于啃下了电脑使用这块硬骨头，成为县里信息化进程的弄潮儿。随着办公自动化技术的不断推进，在20世纪末21世纪初，电脑已成为自己办公的得力助手，使用了三十年的钢笔渐渐被冷落。我还推动单位办公局域网建设和互联网的应用。到十年前，面对掀起的信息化浪潮，要啃下日新月异的信息化技术知识，我感到十分吃力，渐渐处于裹足不前的窘境。而现在，我只能熟练使用常规办公软件，对很多新软件新功能还摸不着头脑，只能向年轻同事、家中晚辈学习。回顾三十年来的信息化历程，自己由一个信息化技术的弄潮儿变成了一个落伍者，深感信息化时代的发展太快，完全跟不上脚步，更感受到信息化对每一个人的影响之大。过去如果没有掌握某一项重要技能，最多只能算是人生的遗憾而已，生活照常，但现在如果不掌握信息化知识，就恍如隔世，举步维艰了。

近几年，快手、抖音等软件，B站（哔哩哔哩网）等网站极具吸引力，其以记录生活、展示才艺、聚集玩友、捕获粉丝的强大功能，激发了广大玩家的才艺潜能，迅速蹿红。短短数年之内，移动新媒体便抓住了大众的心，很快占据老百姓的生活空间。从QuestMobile发布的《2020中国移动互联网春季大报告》统计数据来看，2020年3月移动互联网活跃用户数突破11.56亿，而移动App的人均单日使用时长从去年的5.6小时增加到7.2小时，增幅28.6%。2020年3月人均打开App数量超过25个。报告指出，2020年3月抖音活跃用户数达到5.18亿，同比增长14.7%，人均使用时长为1709分钟，同比增加72.5%；快手活跃用户数达到4.43亿，同比增长35.4%，人均使用时长为1205分钟，同比增加64.7%；B站活跃用户数达到1.21亿，同比增长32.0%，人均使用时长为978分钟，同比增加41.5%。从公布的数据可以看出，在全国14亿人口中，除去未成年人和高龄群体，几乎人手一部智能手机，人们大量使用移动App，而每天滞留其中的时间竟然超过7小时。

不可否认，新媒体时代，各类App的广泛应用，为我们的社会生活提供了大量前所未有的新路径，说它们改变了我们的生活方式甚至思维方式也不为过。从个体而言，新媒体还改变了个人的交际方式和生活状态。其中受影响最大的莫过于年轻人群，网上交际已经成为社交的主要形式，而现实中的人际交往似乎变成一种迫不得已的补充。年轻人的交友、择偶、购物、执业都主要依赖于网络。而一些已经习惯于传统生活方式的中老年人，面对汹涌而来的信息化时代，为了不至于沦落为局外人，也只能艰难跟进了。从社会层面而言，新媒体极大地改变了社会组织形态。在新媒体构建的网络社会中，传统社会的行政层级和社会伦理结构被打破了，没有高低贵贱，没有贫富尊卑，每个人都以一个虚拟的符号平等地存在其中，使人们觉得网上活得更自由、更随意、更真实，网络改变了人们的行为规则。新媒体时代，我们时常会发现一些奇怪现象：一些人在现实生活中表现木讷，但在网络中却十分活跃；一些人在现实生活中表现平淡，但在网络中却成为红人；一些人在现实中的行为中规中矩，但在网络中的行为却让人大跌眼镜；一些人在网上亲和友善，但在现实中却无恶不作……网络与现实成为当下人们生活的两个截然不同的平台。

从文艺层面而言，以抖音、快手为代表的新媒体不但催生了新型文艺种类，并且开辟了全民参与的文艺创作模式和文艺消费方式，一种全新的网上文艺生态正在逐步构建形成。这两种新媒体App都是以制作、发布短视频为主的社交平台，强大的修饰、剪辑、合成功能和较低的操作技术含量，使其成为易懂、易学、易做的手机软件，加之作品受众的不确定性和广泛性，让玩家消除了熟人圈子的压力，能放开性情、放飞自我、尽情展示，一夜走红、一夜暴富的案例不断涌现也诱使人们产生淘金心态，使之成为人们钟爱的娱乐渠道和才艺展示平台。它契合了大量退休人群的心理需求，所以玩家群体由年轻人不断向中老年等群体扩展，短时间内红遍大江南北，故坊间有“北快手、南抖音”之说。随着抖音、快手软件功能的不断完善和玩家技艺日渐提升，其发表的短视频作品目前正由原始的生活记录型向更有内涵的文艺型转化，形成了新型文艺作品——文艺短视频。而这种文艺短视频成了两大平台最有吸引力、最具创造力、最具生命力的板块。

目前在海量的作品中，大量展示真善美、充满正能量的作品成了平台主流，在去冬今春的新冠肺炎疫情防控工作中，这种“快捷、实时、真切、无处不在”的短视频在展示政府防控工作、展现平民英雄、展现群众自律等方面发挥了巨大作用，人们常常在时长很短的作品中被感动，佘沙、赵英明、江世娥、薛丽樱、田芳芳等普通抗疫医务人员的事迹通过短视频第一时间得到广泛传播，成为亿万国人心目中的平民英雄。而一些幽默风趣、轻松愉快的生活场景短视频，给人们带来会心一笑，成为解除生活压力的一剂良药，最受大众青睐，点赞动辄几万次甚至上百万次。一些新闻热点、突发事件也通过短视频迅速传播，成为当下关注时事群体了解新闻的重要途径。普及优秀传统文化、开展社会公益行动、抑恶扬善、针砭时弊等等，手机短视频几乎无处不在，展示出其强大的文化功能。以抖音、快手为代表的新媒体之所以火爆，其中重要原因之一便是它适应了当下人们快速的生活节奏，以短视频的形式向全社会提供“文艺快餐”“文化小吃”。当然，“短、快、便”既是其优势，也是其劣势，劣势在于其自身承载功能极其有限，所携带的营养必然有限。纵览当下各类新媒体文艺作品，其在生产、传播、消费过程中存在共同的特点：一是作者的多元化，新媒体文艺作品的作者覆盖各个行业、不同年龄，只要是新媒体作品的受众即可是潜在的创作者，尤其是休闲群体等更是逐渐成为创作主力；二是主题的多样化，由于创作主体的多元化，不同人群的兴趣不同、爱好不同、关注点不同，必然形成创作主题的多样化，大量来自基层、来自身边、来自生活中的鲜活作品成为受众的最爱；三是制作的格式化，新媒体文艺作品由于受到展播时长、相关参数及制作软件功能的影响和控制，作品制作中格式化倾向明显，这也是新媒体文艺作品形式上的最为突出的特点；四是内容的碎片化，短小是新媒体文艺作品的共同特点，作品信息承载量小，导致其无法涵盖文艺作品的全部要素，只能抓住最为重要的点位进行表现，这种管中窥豹式的信息传达，可能以牺牲其整体的真实性为代价；五是传播的快捷化，新媒体文艺作品从定稿、传播到受众接收，整个过程在数分钟即可完成，传播速度、传播覆盖面与传统文艺作品有天壤之别；六是阅览的便捷化，新媒体文艺作品是信息化的产物，受众能通过各种移动终端进行及时的接收鉴赏，只要移动信号能覆盖的地方就能接收阅读，这种随时随地、方便快捷的阅读功能使得新媒体文艺作品具有庞大的受众群体；七是信息互动化，作者与受众、受众与受众之间能针对作品进行及时沟通互动，是新媒体的突出优势，这对于扩大作品影响，促进作品质量的提升，开展作品监督都大有益处；八是影响的浅表化，由于新媒体文艺作品具有短小、量多、更新快的特点，每天海量的新作品不断上线，让受众目不暇接，大量的作品相互干扰，除很少作品会给人留下深刻印象外，绝大多数作品只能是一晃而过，难以对受众产生深刻的影响，这也是新媒体文艺作品最为普遍的短板。

对于新媒体文艺作品而言，阅读量上百万次的作品几乎天天可见，而人们对新媒体文艺作品逐渐形成的阅读依赖，会大量挤压对传统文艺作品的关注时间，从而使传统文艺作品受众不断减少，这无疑会对传统文艺作品产生强烈的冲击。传统文艺作品如何在新媒体时代更好地发展，也是从事传统文艺作品创作、传播的人群面临的重大课题。移动新媒体正以前所未有的能量改变着人们的生活，让人们的生活效率更高，使生活品质更好，但也不可避免地带来一些负面影响，有的甚至是十分恶劣的影响。近年来各大新媒体运营商不断开展的“净网”整改行动便是对这个问题的回应。在人人都是文艺作品的生产者、人人都是文艺作品的消费者的新媒体时代，在鱼目混珠、泥沙俱下的新媒体文艺作品面前，如何保持自身定力，去粗取精，成为每个新媒体应用者须认真思考的问题。

全民制造、全民消费文艺快餐的时代已经来临，不知你如何对待?

手机网媒与艺术生存的关联思考

巫大军(重庆大学艺术学院副教授)：

全媒体语境下，艺术呈现关联图像的力量，无所不在。特别是手机，人们收集、生产和传播图文的路径与方法令人目眩。我从事艺术教育、创作近三十年，至今还执着于日渐边缘的传统文本与架上绘画；家里一堆各式相机长久地躺在干燥箱里，不到200年的摄影术似乎快退出视觉舞台或者变为发烧友标配之玩物了。在便捷与欢娱中，我们已经上道而无法抽离，享受着微信、微博、抖音、微电影以及各种个人网站、App、公众号等带来的海量信息与视觉盛宴。手机似乎掌控了一切!

信息在不可阻挡地涌来，我们进入了一个全新的时代。混迹其中一直不知道该怎样直面，正好趁此机会想一想。

想一想过去的私生活慢岁月。自古“索象于图，索理于书”，曾经手抄厚厚的抒情歌本，翻阅一本画册到边角起毛……我们已经明显体会到传统的“道”“形”“器”之秩序因网络境域的消费性、碎片化、快餐化而消解，青灯黄卷、围炉夜话，高山流水、携印云游已仿佛依稀，但从前的慢生活，似乎未曾忘记。

想一想现在不可回避的手机。短短几十年，传统视觉艺术的审美理念、展览信息发布、艺术跨界整合与传播都已高度结合数字网络技术，丰富的手机App、社交媒体平台，自由的手机摄影与便捷的图片编辑技术大大拓宽了人类视野与生活场域，手机已融入我们的生活，成为我们无法割弃的一部分。这似乎印证了刘易斯·芒福德在其巨著《技术与文明》中描述的：技术与文明的“机器”作为一个整体是人类有意无意选择和智能活动、奋斗的结果。从技术这个角度上讲，我们都是受益者：方便快捷地选择、获取与推介、传播资讯，分享着现代文明的硕果和“亲密关系”，美术史上杜尚到博伊斯、安迪·沃霍尔的艺术成就都已经或正在或多或少印证着这种物我关系及人与人之间的关系。

手机微信九宫格可完美地拼贴、整合、呈现图像，既有形式感的冲击力，又可高效浏览、互动分享。正如加拿大著名传播学家、媒介环境学者麦克卢汉所言：一切意义都随着媒介的加速运动而发生变化。的确，手机消解了文化艺术精英化、二元结构的关系，手机的各种社交软件加强了公开、关注、互动等社交效果，尽管有些恍惚甚至虚幻迷人的气息，但其更即时、更直接使自媒体艺术视觉传播力量成倍叠加。对绘画作品来说，一张画也可以通过手机媒介平台如展会般有仪式感地“完整”推出，受到关注和获得点评，甚至可进入市场交易、拍卖流程。即便是难于解读的当代艺术作品，在公众号推文观看机制之中，也能以图文、视频完整地展示作品后面的文化语境和艺术家自我景观化过程。自媒体正冲击着传统媒体而体现出更多公共性、平等性、节能性，使艺术作品在作者与批评家、收藏家、观众之间顺畅交流，年轻艺术家有更多被关注的机会。我们看到人类所掌握的媒介正在塑造着整个社会文化生态结构，艺术也不例外，甚至马歇尔·麦克卢汉在《理解媒介——论人的延伸》一书中说"我们自身变成我们观察的东西"。当下数字图像的生成、观察、处理以及随后的评价早已跨越手机平台边界，所用的外在技术已经非常成熟，常常超越惯常的视觉、知觉方式。手机图像的摄影、编辑模式化与交互性已成为人们生活的重要组成部分，我们每个人或几个人都可以成为知识生产或社区公益传播的途径。

想一想将来的客旅他乡。现代城市化让我们常常说回不去的是故乡，我们已经进入了后摩登时代的他乡。微信、QQ、网络会议等对话窗口弹出并催你回应，即时交流不可避免地带有局促、琐碎和狭隘等特性，生活被高技术"打扰、支配和主宰"。

(1)数字化的网络视觉文化正在改写艺术形式规律及审美体验，观看主体与客体的界限模糊，标准在解构中不断重组，艺术进入一种不确定的多元而虚拟的世界，所谓"人人都是艺术家"的时代已经开启。再造的艺术生产和传播流程将呈现出多元的观念重构与不明晰的艺术类型，必然带来盲区、疑惑、争议或可能性，不论传统手工绘画还是图像、现成品，新媒体杂糅而出的新艺术形态已然不可逆。如此，传统、保守的物我关系以及人与人之间的关系被解构、虚拟，这是一种令人忧虑的处境和危险关系，我们准备好了吗?

(2)社交媒体碎片化阅读以一种"我喜爱的"奇怪方式造成"辉煌"的错觉，让人感觉世界奇观尽收眼底，但实际上我们的知识吸收能力相当有限。同时，强大的搜索引擎与丰富的朋友圈层产生碎片化阅读与观看方式的惰性依赖。一方面，长期持续可能会形成一种适宜于碎片化阅读的大脑神经回路的"瘾"，生理惯性使阅读浅层化、快餐化；另一方面，它也考验并试探每个人处理信息的能力，可能导致信息处理简单化、片面化，导致圈层生存的智识遮蔽和判断力弱化。

(3)现代人已经陷入无法摆脱的人机困境，人机适应的高效性使人备受"浪费时间"罪过的煎熬。因现代性异化与后现代参杂，借着人的有限性与享乐主义、自由主义的必然倾向，真实的界限常常破底，我们会被动接受海量良莠不齐的图文推介，陷入无所适从的视觉堆积与无限链接的焦虑，消解着时间与精力。也正如芒福德预言性的对工业文明的反省：机器体系本质是人的理性主义扩张，人类试图在道德和社会方面保持某种均衡，而技术是一把双刃剑，它实际上也深深地改变甚至约束了人类自己。机器经常被用于暴力强制和军事斗争，机械化严格的时间节奏代替了生命节律，异化着个人的主动性和合作精神。人类依靠机器似乎摆脱了自然界的控制，却必然要面临社会道德、伦理与人的灵魂、良心的责问，否则我们会有身不由己的无助、无意义感，更无追寻我们从何而来，往何处去的信心!

(4)品格与独立性较难保持。我们各自刷着手机上世间百态的海量信息，而那些无厘头搞笑内容和靠标题吸引人的空洞文章让本来就麻木的感觉进一步扭曲。我们似乎被吸入无底深渊，情感冷漠、精神透支得就像被抽空。安逸、舒适、轻松的私欲引导，大数据信息或资本注入的操控，以及很多负面低质信息叠加的网络空间正在构成开放而虚拟、自由而多元的网络文化，正在解构与重塑现实世界，我们需要有置身世界并与世界保持距离的思考。令人兴奋、刺激炫酷的网络媒体图文，缺少对终极问题的严肃探讨。我常常觉得自己可怜又精疲力竭。约翰·加尔文说："每个人按照上帝的分派，在自己的岗哨上生活，才不至于掉以轻心在游荡中度过一生。"假如没有敬畏与节制，我们生命的尊贵与中心位置将不复存在，而机器却变成一个压迫人内心的外部力量，异化、毁灭未来。由此，我们呼求技术与文明的真正彼岸，同时呼求对机器保持必要的警醒！

最后，艺术史告诉我们，公众需要艺术的引领，艺术家需要公众认知。在这个网络数字化的自媒体时代，各种图文手机App及社交平台都是文化艺术传播的主渠道，无法绕开，信息汪洋大海中有危险也有机会，我们需要秉持人应有的敬畏、良心、警醒和创造，期待艺术生产、传播渠道公共且平等、开放且多元，期待有深度、有厚度的传统原则回归。

新媒体语境下中国当代艺术的话语生态与大众接受

邢千里（浙江传媒学院教师、博士）：

中国当代艺术的身份、方向和责任问题，从20世纪80年代以来就一直令人困惑，充满争议。30多年里，中国当代艺术就在这样的困惑与争议中以一种令人惊讶的速度和规模迅速发展着。当代艺术表面上的喧嚣和繁荣离不开以网络信息技术为主要推动力的世界范围内的经济发展和文化交融，但无论是从中国还是世界范围内来看，当代艺术所面临的上述问题并没有因此消失，甚至愈发复杂和暧昧。特别是进入新媒体时代以来，当代艺术的自身逻辑和外部命题都在悄然发生着质变。中国当代艺术和艺术家，一方面延续着与西方艺术之间"体用"关系的百年探索，另一方面又担负着在今天中国高速发展的社会经济和文化进程中的时代使命。新媒体的话语模式和游戏规则加速重构着整个文化艺术生态的话语生态和权力关系，也让中国当代艺术的百年探索和时代责任更加耐人寻味。

一、新媒体：一种工具存在的中性概念

事实上，新媒体只是一种笼统的说法，泛指在网络信息技术背景下出现的不同于传统媒体的媒介形式，包括微博、微信、公众号、抖音等等。由于语境的变化，新媒体一词又被无形中赋予了更多的意义指向。近现代以来，科学技术带来的物质财富的巨大增长和生活方式的结构性变化，使得科学技术的更迭本身似乎就是进步的代表词，在印象派、未来主义和立体主义等作品中就不难看出当时人们对于科学技术具有怎样的鼓吹和热望。而号称第四次科技革命背景下异军突起的"新媒体"带

给这个世界的改变更是颠覆性的。在很多人的潜意识中,“新媒体”已然是时尚的代名词,具备了优于传统媒体的价值判断,甚至成为新生活方式的要件。“新”与其说是媒体的限定语,毋宁说宣告着一个新时代的来临。

有意思的是,我们似乎无意中忽略了一个事实,即新媒体本身也是一个不断自我更迭的历时性概念。比如微博,就是对曾经红极一时的博客的替代,如今其风头又被Vlog(微录)所盖过。在所谓的传统媒体中,电视相对于电影来说无疑就是“新媒体”,电影对报纸来说当然也是“新媒体”。

严格来说,变化本身是中性的,并不特别指向具体的价值判断甚至意识形态。新媒体带来的直接变化更多表现在思维结构和生活方式方面,其中的优劣长短不能简单地以新旧与否划为泾渭分明的两个阵营。媒体从本质上说只是一种生产和传播手段,是人的价值观、表达意图和驾驭能力决定了媒体的生产方式与传播效应。从某种程度上来说,新媒体造就了一个自由生产、传播和接受信息的乌托邦时代,俨然变身为科技民主化的象征。它超越了简单意义上的技术革命,深刻地改造着包括艺术在内的文化心理和社会结构,从而呈现出更宽泛、更深入的社会学意义上的研究价值,而天然的“当代性”也让新媒体成为当代艺术最受关注的媒介甚至表现内容本身。

二、新媒体时代:中国当代艺术的困惑与选择

对于当代艺术来说,新媒体纵然大大拓宽了艺术家切入现实的路径,丰富了艺术表达的手段,但带来的困惑和挑战却更多。与传统艺术相比,当代艺术更加强调回归人自身的观照及这个世界带给人类的新问题、新挑战,而艺术已经很难在传统意义上独自应对这些问题和挑战。这就不难理解为什么当代艺术在观念上与其他文学艺术形式及人文社会学科走得越来越近,在语言和形式上越来越模糊和暧昧。

不过,中国当代艺术在面对新媒体的时代话题时却多少有些尴尬,这种尴尬主要来自内在的身份意识以及在此基础上的选择困惑。无论自觉与否,中国当代艺术家依然不得不继续延续百余年来的身份话题。在面对强大、封闭而又稳定的传统艺术体系与西方现当代艺术的对话、冲突与融合过程中,中国当代艺术依然无法回避这个困扰已久的历史负重。然而,继续汲汲于排他性,特别是区别于西方现当代艺术的身份标志,似乎就多少显得有些狭隘了。

简单来说,中国当代艺术家尚处在一个艰难探索、谋求自我观念图式独立性的进程中,面对迅猛而来的新媒体时代缺乏必要的心理准备和有效策略。这就造成中国当代艺术群体及艺术表达的巨大分化。不同艺术家由于对中西方传统艺术及当代艺术的身份使命认知不同、选择不同和能力差异,所创作的作品往往大异其趣,大家利用新媒体进行创作和传播的动机及效果也就千差万别。

对于坚持或困于中国传统艺术风格的艺术家来说,新媒体或许意味着更多的展示和交流机会,但以文人士大夫情怀为基础的传统艺术的精神旨趣和笔墨语言在根本上是与以大众消费和大众参与为特征的新媒体文化属性相抵牾的。传统艺术的精神土壤早已不复存在,对于作品中笔墨线条、

诗文篆刻的细细玩味在今天快捷化、娱乐化、碎片化的新媒体时代也已经变得不合时宜，新媒体很难在根本上改变这些作品只能停留在小范围内交流品鉴的事实。

那些试图对传统艺术进行革新的当代艺术家——就像晚清民国以来的无数前辈们所努力的一样，试图在主题、内容和形式上向新媒体语境下的时代审美靠近，在坚持文人意趣和笔墨水准的前提下，让作品融入更多的现实题材，让人产生共鸣的可能，这多少有些像20世纪五六十年代的新年画、新国画改造。近几年在传统及新媒体平台上人气颇高的"老树画画"就是一个很有代表性的案例。"老树画画"事实上是20世纪80年代末90年代初"新文人画"的延续，在新媒体的助力下实现了更广泛意义上的艺术效益和社会效益。虽然大多数普通人或许无法真正领会其中的笔墨趣味和精神指向，但作品无疑触动了很多人内心最柔软的部分，以一种戏谑、温暖更有些无奈和苦涩的方式成为大众心声的代言者。

而受到西方当代艺术的启发和鼓舞，更多当代艺术家特别是年轻人开始尝试将新媒体及其背后的文化指向作为创作的主要对象。从形式上看，这样的作品更加当下和前卫，充满未知同时也极具诱惑力；从内容上看，它涉及了更加宽泛的社会议题，与普遍意义上人的生存处境和现实需求更为契合，因而作品的传播和被接受也更加容易。但是，这对艺术家提出了更高的要求，其不但要有扎实的艺术思维及表达能力，更需要有相当的社会学、人类学、哲学、宗教等学科背景。对于欣赏和接受者来说同样如此。由此产生的矛盾和悖论似乎不可避免。社会大众看到的是内容及形式比传统艺术更加熟悉和具有亲和力的作品，却对背后的文化与艺术考量不甚了了；而很多艺术家由于缺乏足够的学术素养和思辨精神，不得不在作品概念和形式上以当代艺术的跨界和多元为名加以掩饰，其创作沦为一种煞有介事的概念堆砌与语言游戏。

三、新媒体背后：当代艺术的大众接受及话语权力

新媒体下的当代艺术生态最令人着迷之处，也许就在于话语权力的多元性、模糊性、动态性及理想主义色彩，同时也是其饱受诟病之处。人们承认新媒体对世界过度虚拟的一面，同时又沉溺于新媒体带来的多少具有乌托邦色彩的艺术想象与权力满足。新媒体至少在形式上打破了长久以来艺术"高高在上"的骄傲姿态，把自杜尚《泉》（"小便池"事件）以来发生于艺术"内部"的历史性颠覆上升到"人民战争"的高度。普通民众过去是被动接受艺术，而现在有权力、有能力选择是否接受和如何接受，甚至还有了褒贬、转发和再创作的"特权"，不但早早实现了博伊斯"人人都是艺术家"的愿景，俨然还是随心所欲的鉴赏家和批评家。

英国当代艺术家班克西在拍卖会现场自毁作品事件无疑是2018年度最受关注的艺术新闻之一。与其100万英镑拍卖价格的作品相比，这次行为本身才是真正吸引大众目光的"作品"，网络新媒体对事件的传播引发了全世界艺术爱好者的"集体狂欢"。只是很多人没有意识到，这正是艺术家想要达到的效果。班克西此举旨在揭示大众长期以来在资本和传媒的诱导下对当代艺术的盲目追

捧，试探和挑衅了整个社会煞有介事的审美风尚。可以说，新媒体是这件“作品”成功的主要内容和实现手段。享受着新媒体红利的普通大众在这个过程中扮演了什么角色？想必大多数人在喧嚣之后都多少会有一种被艺术家成功戏弄了的懊恼感。

从根本上来看，这种虚拟乌托邦之下的话语狂欢不过是一种非理性的集体冲动，具有极强的自发性、随意性和娱乐性，普通大众对于当代艺术的认知和反馈往往也不过是一种艺术权力的想象性满足。无论当代艺术以怎样世俗化的姿态“委身”于社会大众，真正的艺术本质上还是少数艺术精英对于这个时代审视与创作的产物，“人人都是艺术家”只是特定时期的一句艺术宣言，普通大众对于作品内容和形式上的评头论足并不意味着话语权力的真正易手。

不过这似乎并不是最重要的。对于某些当代艺术家来说，新媒体带来的巨大流量及潜在的商业价值才是最具诱惑力的。艺术的本体探索也好，艺术家的社会责任也罢，都可以作为一种妥帖的外衣包裹其上。“丑书”“盲书”“射书”，甚至“性书法”等闹剧无论怎样自欺欺人地辩解，都只不过是无下限地利用新媒体的运作机制进行炒作的投机行为。在整体趋于浮躁的当代艺术语境中，这样的反面教材虽然只是个案，却折射出“流量为王”的畸形价值观对中国当代艺术不容忽视的潜在影响，以及背后畸形的艺术权力生态。

重庆歌舞团的历史传承与未来发展

编者按：

重庆歌舞团创建于1949年，是重庆解放后组建成立的第一个市属专业文艺院团，迄今已走过70余年的风雨历程。今天，站在历史的新起点，在深化文化体制改革的实践中，在文化和旅游融合的时代背景下，作为巴渝文化的重要传播者，重庆歌舞团正在通过完善现代企业制度、全方位整合资源等战略布局，抢占新时代的发展机遇，顺应文旅融合发展的大潮，努力成为西南地区的表演艺术文化传播中心，创作更多经典的舞台艺术精品。以下四篇文章将围绕重庆歌舞团的历史传承与未来发展，从不同视角进行深入探讨。

重庆歌舞团的文化基因——巴渝舞的传统溯源与当代传承

兰天文（华中师范大学音乐学院）

巴渝文化是重庆的文化根脉，而巴渝舞则是巴渝文化的重要组成部分。对于“巴渝舞”的源流，学术界尚存分歧。著名舞蹈史学家王克芬先生指出，巴渝舞应该有广义、狭义之分，狭义的巴渝舞是专指汉高祖定名的巴渝舞，广义的巴渝舞是泛指巴渝地区的各种民间歌舞。进入乐府、庙堂的巴渝舞无论如何兴衰、变迁或消亡，都不会影响板楯蛮[①]民族民间舞自身的流传或发展，它们仍按照自己的发展规律，在族人中代代传承。[②]世代生活在巍峨大山和奔流大川之间的巴渝儿女，纵使历经岁月的涤荡洗礼与文化的变迁，仍在各个时代追求着巴渝舞的艺术境界与审美特质，这既是巴渝文化的精神内核，也是巴渝歌舞艺术的文化特质。因而，从某种程度来说，颇负盛名的巴渝舞，影响甚至决定着重庆歌舞艺术的过去、现在与未来。

一、巴渝舞的传统溯源

有关“巴渝舞”的起源，载于晋人常璩《华阳国志·巴志》里的两段史料被引用甚多。一则为“周武王伐纣，实得巴蜀之师，著乎《尚书》。巴师勇锐，歌舞以凌，殷人前徒倒戈，故世称之曰‘武王伐纣，前

①编者注：板楯蛮即賨人，巴人的一支。

②王克芬．献上一片乡情，写下半点心得[M]//王静．巴渝舞论．重庆：重庆出版社，1993:5.

歌后舞'也"。另一则为"阆中有渝水，賨民多居水左右，天性劲勇，初为汉前锋，陷阵，锐气喜舞。帝善之，曰：'此武王伐纣之歌也。'乃令乐人习学之，今所谓'巴渝舞'也"。根据该史料，早在武王伐纣的历史时期便存在"歌舞以凌""前歌后舞"，但当时未有"巴渝舞"之称呼，其作为战争中鼓舞士气的一种习俗，与今天我们定义的歌舞亦有较大差别，它具有浓厚的地域文化色彩和民族特色。巴渝舞之名，直到刘邦兴汉时才得以形成。从文化人类学的观点来看，特定的生存环境和社会现实，对于人或族群的生存及行为有很大的影响力和制约性。根据这一观点，我们可以说，早期的"巴渝舞"源自巴人深层的生存危机意识，尚武即是力证。"巴师勇锐，歌舞以凌"之描述让我们充分感受到古代巴人强烈的求生意识和反抗外敌的不屈意志，他们借由"前歌后舞"的巴渝舞，企图超越现实与自身的力量，流露出凌厉锐气之风。

当充满原始生命情调与尚武之风的巴渝舞被引入汉代宫廷后，其突破了满足现实生存的实用目的，衍生出新的社会功能。经乐舞专人的精心加工，巴渝舞技艺大为提升，表现形式也发生了变化。《史记·司马相如列传》载："巴俞宋蔡，淮南于遮，文成颠歌，族举递奏。"《汉书·西域传》载："天子负黼依，袭翠被，冯玉几，而处其中，设酒池肉林以飨四夷之客，作巴俞都卢、海中砀极、漫衍鱼龙、角抵之戏以观视之。"《汉书·礼乐志》载："巴俞鼓员三十六人……应古兵法。"《后汉书·礼仪志》载："候司马丞为行首，皆衔枚，羽林孤儿，巴俞擢歌者六十人，为六列。"这些被不同史料记载，在不同场合上演的巴渝舞，其社会功能逐渐发生变化，作为艺术形式的巴渝舞逐渐发展与成熟，为汉代的祭典宴飨、彰扬军威、丧葬礼乐等注入了新的活力与文化基因。

巴渝舞经汉代的整体提升后，其性质和功能、舞名、舞辞及舞曲等在不同朝代不断演变。魏初，为适应新的政治形势与时代之需，"建安七子"之一的王粲奉命在巴渝籍将领李管、种玉的帮助下，理解曲意，从礼乐的角度对巴渝舞进行填词改造，作《矛渝新福歌曲》《弩渝新福歌曲》《安台新福歌曲》《行辞新福歌曲》四篇，统称为《魏俞儿舞歌》。魏黄初三年(222年)，改其名为"昭武舞"。至此，巴渝舞实现了从民族民间俗舞到统治者用于宫廷宗庙祭祀场合的仪式性乐舞的功能转化。晋、南朝，巴渝舞又经历了一系列复杂的演变，曾多次改名，南朝梁复号"巴渝"，隋文帝废之。需要说明的是，南朝梁的巴渝舞几经流变，与魏初时期的巴渝舞是有区别的，属于新制的巴渝舞。巴渝舞后在隋唐被归入《清乐》，虽隋文帝废除此舞，而唐高祖李渊时命乐人学习巴渝舞。《旧唐书·音乐二》载："《清乐》者，南朝旧乐也。……武太后之时，犹有六十三曲，今其辞存者，惟有《白雪》《公莫舞》《巴渝》……"可见，巴渝舞的传承具有动态属性，其动态性体现在它的形态、功能、名称等的发展演变之上，凸显出巴渝舞包容性、适应性、整合性的文化特征。这些不同时期、不同类型的巴渝舞丰富了中华民族文化，它们有其独特的艺术魅力、开放包容的文化属性、强大的艺术生命力以及经久的传播力，不啻为巴渝人引以为傲的艺术瑰宝。

二、巴渝舞的当代传承

习近平总书记指出："我们要坚持道路自信、理论自信、制度自信，最根本的还有一个文化自信。"所谓文化自信，就是一个民族、一个国家以及一个政党对自身文化价值的充分肯定和积极践行，并对其文化的生命力持有坚定的信心。这种自信是在对本民族文化有着深刻认知的基础上的理性思考与传承。在这样的时代背景下，更好地传承与发展具有深厚传统底蕴和优质文化基因的巴渝舞，事关重庆歌舞艺术创作与传播的出发点与归属点。

首先，想要更好地传承巴渝舞，就必须重新审视它在当代社会的意义与价值。当前我国正处在决胜全面建成小康社会的新时代，稳步成为世界第二大经济体，以不可阻挡的趋势引领全球化的新潮流。纵观巴渝舞的发展，我们发现，巴渝舞是随着社会时代、物质生活、精神需求等的变化而不断发生改变的。当前，巴渝舞在祭典宴飨、丧葬礼乐等层面的意义已经弱化，但其所蕴含的"阳刚""骁勇""战胜危机"的文化因子仍被保存。正是这些积极、乐观、向上的精神文化，使其经历漫长的历史阶段传承至今，延承了文化的连续性与地域性特色，构成巴渝文化创造和再创造的人文密码，并内化、积淀于巴渝人的历史与民族性格之中，成为演绎巴渝歌舞，体现独特审美，传播巴渝文化，讲好中国故事，激发民族认同的当代之需。

其次，唯有植根于巴渝文化的沃土，才能实现对巴渝舞的当代传承。巴渝舞为当代重庆的歌舞艺术提供了充足的文化底蕴与艺术源泉。作为在巴渝大地上孕育发展的巴渝舞，其已成为巴渝文化不可或缺的一部分，带有巴渝文化独特的烙印。要挖掘巴渝舞熔铸在本民族的生命力、凝聚力和创造力中的文化力量，彰显新时代巴渝人的精神内核和价值追求，只有不断地返回巴渝文化之中，萃取精华，才能再塑新时代巴渝儿女的艺术形象，创造出当代重庆歌舞的艺术精品。

再次，对巴渝舞的当代传承，不仅要在文化历史与理论研究层面进行，还要以"创作＋"为核心，打造重庆歌舞当代传承的重要路径。创作者要深层次地挖掘巴渝文化，拥有更广阔的视野，并在文化态度上找到巴渝舞在当代的表达方式。将巴渝舞创造性转化成具体可感的艺术形象，勇攀艺术高峰，使其焕发出中华优秀文化的光彩，推动中国社会主义现代化的文化建设，推出时代魅力与民族魅力兼备的文艺精品。

总之，巴渝舞从战争武舞走进宫廷宴飨，发展为祭祀礼仪性乐舞，再作为纯艺术欣赏对象，经历了上千年的漫长历程。它极具亲和力与包容性，在发展过程中吸收了多种文化因素，构筑其独特的人文底蕴。作为一种艺术，其粗犷刚劲、潇洒矫健的美学倾向，具有极高的艺术价值。巴渝舞的文化及其舞风、舞容在中国古代歌舞的形成与发展中，深刻影响着其他歌舞艺术，亦深刻影响着后世的歌舞艺术。可以说，巴渝舞随时代的变化而发展，每一次变化都赋予自身新的意义，它承载着各个时代的文化内涵与精神特质，其不断拓展、丰富与更新。这些正是巴渝舞当代传承与传播的价值旨归。

一个时代要有一个时代的艺术，它是政治经济、社会条件、文化环境、审美趣味等多元因素的体现。重庆歌舞团作为巴渝文化重要的传播者，深入挖掘巴渝文化在歌舞艺术中所蕴含的思想观念、人文精神、独特技艺，准确把握巴渝舞的内在价值和独特气质，深耕细作，并结合时代要求进行创造性转化、创新性发展，使之既能呈现出独一无二的艺术魅力，满足人民日益增长的文化艺术需求，又能弘扬重庆艺术的文化魅力，极大提升了城市文化影响力，对中华民族文化的当代发展与传播贡献了重庆力量。

背靠民族文脉的守正创新者——重庆歌舞团

王良军（重庆歌舞团）；周津菁（重庆市文化和旅游研究院）

重庆歌舞团创建于1949年12月25日，其前身是中国人民解放军第二野战军司令部所属的西南服务团文艺大队。重庆歌舞团是一个具有悠久历史和光荣革命传统的专业艺术团体，也是重庆解放后组建成立的第一个市属专业文艺院团。经过70余年的风雨历程和改革发展，重庆歌舞团现已成为集舞蹈、声乐、舞美设计制作、艺术培训、大型演出策划和市场营销于一体，在国内外享有较高声誉和艺术影响力的大型歌舞艺术演艺实体。2005年，在全国文化体制改革试点过程中，转制改企为重庆歌舞团有限责任公司，成为重庆市第一个国有独资企业性质的专业文艺院团。现隶属于重庆市文化和旅游发展委员会。

建团以来，重庆歌舞团以舞蹈、音乐为主体艺术形式，先后创作排演了舞剧《三峡情祭》《邹容》《杜甫》，主题歌舞情景剧《巴渝情缘》《渝·美人》《巴歌渝舞》，舞蹈《放裴》《向阳花》《龙舞》《小萝卜头》，歌曲《毛主席来四川》《黄杨扁担》《我们的山歌唱不完》《红叶红了的时候》等各类优秀歌舞、音乐艺术作品500多部（个），开展各类演出共计12300多场，演艺足迹遍及全国各地及欧、美、亚、非等大洲的数十个国家和地区。先后荣获第六届世界青年联欢节银质奖，文化部国庆30周年献礼演出创作二等奖，第五届文华奖新剧目奖、编导奖、表演奖，中国文联第四届中国戏剧奖·优秀剧目奖，全国第一届舞蹈比赛编导一等奖 、表演二等奖、音乐三等奖，全国第四届音乐作品评奖二等奖、三等奖，第二届全国青年歌手电视大奖赛专业组民族唱法荧屏奖，全国聂耳、冼星海声乐作品演唱比赛民族民间唱法组铜牌，中国民族声乐比赛新作品奖等各类奖项130余项。培育了作曲家郭文景、金干，歌唱家胡长华、周蕴华、赖琼书、李丹阳、程昌福，舞蹈家邢志汶、宁永忠、王静、宋庆吉，优秀青年演员胡珊红等一批独具艺术影响力的艺术工作者，为重庆歌舞的艺术创新与声誉提升做出了重要贡献。

经过70余年的奋斗历程，重庆歌舞团在艺术建设方面获得了重大成就并逐渐形成了独特的艺术风貌，这些宝贵的艺术资产将成为重庆歌舞团再出发的强劲动力。

一、民族文化视野中的巴渝文脉传承

自20世纪50年代开始，重庆歌舞团就开始有意识地挖掘巴渝民族民间文化，打造具有独特民族个性的歌舞节目。1956年7月，经重庆市文化局报请中央文化部批准，同意在重庆市文工团歌舞队

的基础上筹建重庆市歌舞团。筹建期间，重庆市歌舞团积极响应党中央提出的“文艺向民族、民间文化学习”的号召，组织抽派了全团各队的编导、演员、音乐工作人员，先后多次深入基层厂矿、农村和兄弟艺术团队进行学习和采风。在广泛学习的基础上，移植改编了川剧舞蹈《放裴》，创作和排演了舞蹈《龙舞》《别洞观景》《复原归来》《巴塘弦子》，四川清音《小放风筝》《绣荷包》，歌曲《刚刚摘下的苹果》《我们的山歌唱不完》等一批在全国富有影响力的歌舞节目。1956年，重庆市歌舞团在北京参加了全国首届音乐舞蹈会演，带去了具有浓郁巴渝地域特色的舞蹈《龙舞》。1957年，由川剧艺术移植改编的舞蹈《放裴》被选中，代表全国参加在莫斯科举行的第六届世界青年联欢节比赛，并荣获哑剧比赛银质奖章；胡长华演唱的四川清音《小放风筝》《绣荷包》作为向民族民间艺术学习的优秀典型节目，由中央人民广播电台录音，并以青年歌唱家演唱曲目在全国范围内播放。在1959年和1963年四川省举办的两次音乐舞蹈会演中，重庆市歌舞剧团上演了歌舞《秀山花灯·闯彩门》，舞蹈《向阳花》《两把锄头》《抬工乐》，以及民乐合奏《嘉陵江之歌》《巴河激浪》，笛子独奏《撵野猫》《思念》，板胡独奏《节日》，合唱《大巴山的回声》等节目。这些歌舞节目广泛而深刻地挖掘了巴渝民间音乐舞蹈素材，结合展现现实生活的内容需求，形成了新中国成立初期的巴渝歌舞风格。

改革开放以后，重庆歌舞团对巴渝文化的展现进入了一个深入发展和横向拓展的时期。一方面，具有巴渝特色的歌舞节目继续得到重点打造，对本土文化的挖掘更加深入和富有时代感；另一方面，重庆歌舞团逐渐开启了对民族民间文化横向拓展的创新时期，那就是吸收和移植全国兄弟院团的成功节目，在此过程中学习和拓展“文化思路”，以更好地打造巴渝文化作品。

首先是继续打造巴渝本土文化作品。1978年，重庆歌舞团打造了舞蹈《拉纤的人》《康定情歌》《白鳝仙子》《人间好》《乡音》《蝶双飞》《燃烧吧，节日的火把》《干杯》《雪山路上迎亲人》《金色的边疆》等作品。1985年7月，由郭文景创作的弦乐四重奏《川江叙事》、大提琴独奏曲《巴》参加全国第四届音乐作品评奖并分获作品二等奖和三等奖。1985年8月，声乐演员程昌福演唱的《四川担担面》参加全国聂耳、冼星海声乐比赛，获民族民间唱法铜牌。1991年，重庆歌舞团创作了民乐《雾乡情》。1992年，创作了歌曲《看望大海》；1994年，排演了大型民族歌舞《我们的山歌唱不完》。1995年，成功创作编排了大型民族舞剧《三峡情祭》。1997年，编排了双人舞《红太阳》。2000年，编排了舞蹈《飞铰》《野山椒》《打谷娃》。作品极为丰富，在此不做一一赘述。

其次，是在更为广阔的民族民间文化视野中观照巴渝文化。对兄弟院团成功作品的移植是这条路径的第一项工作。1960年，重庆歌舞团学习排演了歌舞剧《刘三姐》，该剧上演后轰动了当时的山城舞台，首次创造了同一个剧目连续演出300多场的历史记录。随后，重庆市歌舞剧团又创作演出了小舞剧《刘文学》《越南人民打得好》等，实现了重庆市歌舞团排演舞剧“零的突破”。1978年，重庆歌舞团在重庆市内的解放军剧院正式公演了芭蕾舞剧《白毛女》，受到了广大观众的热烈欢迎。此外，重庆歌舞团还先后到成都、上海进行业务交流和学习，移植成都芭蕾舞剧《红色娘子军》，移植上海民族舞剧《小刀会》。民族歌舞剧的演出成为重庆歌舞团的艺术传统之一，艺术家们在移植中学习，在学习中创新。2000年后，重庆歌舞团迎来了民族歌舞的创作高潮。2006年，成功打造大型全景式原创歌舞《巴渝情缘》并在巴渝剧院演出，获得观众的高度赞扬。2008年，成功制作推出时尚精品大型歌舞剧《渝·美人》，该剧以重庆女性的情感经历为线索，通过五种不同颜色的变换折射出重庆女性性格的多样性，进而反映重庆厚重沧桑的人文涵养和当代重庆时尚开放的城市风貌。2009年，创排推出大型情景歌舞剧《巴歌渝舞》，该剧运用现代编舞技术，突出具有鲜明重庆本土特色的巴渝文化元素，形成浓郁的重庆特色，获得在第二届重庆文化艺术节开幕式上推广演出的殊荣，被誉为"对重庆文化个性特质和创作团队潜质的一次系统呈现"。

深厚的积淀和视野的开拓，让重庆歌舞团的创意理念有了新的突破：在对巴渝文化的创造性表现上，立足于本土，而不拘泥于本土。2016年，跨界融合舞台剧《小面》，将麻辣小面的美食特征和浓郁的重庆地域文化有机融入舞台表演之中，有效传递了人物的个性、特征以及丰富的文化内涵，让观众在享受轻松、爆笑、惊奇的观剧体验之余，深深感受到重庆人民的匠心精神以及诚信、耿直、勤劳的性格品质。2015年组织策划的大型原创舞剧《杜甫》成功入选中宣部2019年度文艺院团海外巡演项目及国家艺术基金2015年度大型舞台剧作品创作资助项目、2017年度传播交流推广资助项目、2018年度滚动资助项目，实现国家艺术基金资助项目"大满贯"。舞剧《杜甫》全剧约100分钟，展现了诗圣杜甫"求官—做官—弃官"的全过程，重现了杜甫颠沛流离的一生与"致君尧舜上，再使风俗淳"的宏大抱负。这是重庆歌舞团敞开文化胸怀，追求精品与经典的作品，是重庆歌舞艺术彰显民族文化担当，强化精品制作的里程碑式作品。

二、时代语境中的红色艺术作品创作

重庆歌舞团成立以来编排了许多红色艺术作品。如新中国成立初期的《淮海战役组曲》《加紧生产》《工人舞》等；20世纪60年代的小舞剧《越南人民打得好》；20世纪70年代移植成都的芭蕾舞剧《红色娘子军》，移植上海的芭蕾舞剧《白毛女》、民族舞剧《小刀会》等，以保卫珍宝岛为题材的原创舞蹈《生命不息，冲锋不止》在全国舞蹈界引起热烈反响；20世纪80年代原创的双人舞《小萝卜头》获全国第一届舞蹈比赛编导一等奖、表演二等奖、音乐三等奖；2010年创排的情景歌舞诗《红色记忆》，以革命史实的发生时间为轴线，讲述了从共产党成立到抗日战争爆发，再到解放战争的一系列历史。从新中国成立到改制前，重庆歌舞团紧扣党的中心工作，开展了大量的宣传慰问和节日纪念日演出，年均公演100场以上。如1951年参加了中国人民志愿军归国慰问团贵州分团赴黔进行慰问演出，1958年举办了"在总路线的光辉照耀下前进"专题演唱会，1979年分别举办了纪念毛主席逝世3周年歌舞晚会和国庆30周年专题音乐会，1985年举办了纪念抗战胜利40周年电视演唱会，等等。值得一提的是，1988年赴云南老山前线慰问参加中越边境自卫作战的13军，舞蹈《军魂》看得前线战士泪流满面，起到了巨大的精神鼓舞作用。改制后，在开展市场化经营的同时，重庆歌舞团每年承担了近百场以"放歌新时代""歌唱祖国"等为主题的下乡演出任务，进一步传承弘扬红色基因。

70余年来，重庆歌舞团始终扎根于巴渝文化的深厚土壤中，创作演出了众多的经典歌舞作品，极大地丰富了广大人民群众的文化生活；培养了一大批优秀艺术家，他们把对歌舞艺术事业的孜孜追求和执着热爱传承至今；卓有成效地把重庆的歌舞艺术带上了世界的大舞台，将富有浓郁地域特色的巴渝文化魅力传播到海内外，对重庆文化艺术事业的繁荣发展做出了深远而突出的贡献。未来的重庆歌舞团将继续以歌舞艺术为本体，将这个载满辉煌历史和无限荣耀的国有专业文艺院团建设成为全国乃至世界一流的歌舞艺术院团。

企业文化再造：重庆歌舞团的组织使命

王良军（重庆歌舞团）

企业文化是企业的灵魂，是一个企业的主流理念和主流行为方式的综合表现。随着多元化战略的实施和股改上市步伐的加快，重庆歌舞团在内外部动因的驱使下，势必要进行系统性全要素的企业再造，企业文化再造作为核心环节，具有十分重要的作用。

组织使命是指该组织（作为一个子系统）在社会（大系统）中所处的地位、起的作用、承担的义务以及扮演的角色，既反映外界社会对该组织的要求，又体现该组织创办者或高层领导人的追求和抱负。重庆歌舞团结合市场主体特性及担负的国有文艺院团职责使命，从生活、城市两个维度提出自己的组织使命。

一、艺术让生活更美好

英国哲学家休谟有句名言：一切人类努力的伟大目标在于获得幸福。幸福的生活最好是真、善、美的生活。常言道：科学求真，信仰崇善，艺术尚美。诚然，艺术让我们的生活更美好。

人的生活是由物质生活和精神生活组成的。当我们的物质生活得到满足的时候，就会追求更好的精神生活。尤其是当前社会竞争激烈，人们生存生活压力日益增大，精神生活的充实丰富更显重要。而随着科技的发展，艺术的形式和特点发生了许多变化，反过来又影响了人们的生活方式。

重庆歌舞团的主营业务是歌舞艺术，歌舞艺术与人们生活的联系十分紧密。但对于重庆歌舞团而言，相较于“歌”，“舞”是重庆歌舞团的强项，因此，本文主要从重庆歌舞团的“舞”展开阐述。

（一）舞蹈的功能

舞蹈是一种源于现实生活，通过人类肢体动作并与音乐等艺术配合，以塑造人物性格和展现人的精神面貌为目的的综合性艺术。它起源于现实生活，并通过高于现实生活的表现语言去表现生活，以此抒发人们的心理感受，展示人类深层的精神世界。舞蹈不但可以展示舞者自身的体态美，还能陶冶欣赏者的情操，提高欣赏者的文化艺术修养。

1. 舞蹈起源于现实生活

舞蹈是人类历史上最古老的艺术形式之一。《吕氏春秋·古乐篇》载："昔葛天氏之乐，三人操牛尾，投足以歌八阕：一曰载民，二曰玄鸟，三曰遂草木，四曰奋五谷，五曰敬天常，六曰达帝功，七曰依地德，八曰总禽兽之极。"寥寥数语，将古人舞动牛尾踏歌而舞，欢庆丰收、歌颂祖先和劳动的场景描述得无比生动。人们"投足以歌"，歌颂祖先，歌颂氏族图腾，歌颂草木五谷的生长、禽兽的繁殖，歌颂天与地对人的功德，带有原始的宗教意味和浓重的生产劳动气息。由此可见，舞蹈是伴随着人类生产劳动和宗教生活而产生的。起初只是结合生产劳动中的动作，连续配以节奏，"手之舞之，足之蹈之"，而当这种行为变成大规模的群体性活动后，人们开始从审美的角度去注重动作协调的视觉美和音乐节奏的韵律美。舞蹈起源于现实生活，并随着人类文明的进步而发展进化，成为传情达意的工具以及必不可少的社交手段及生活形式。

2. 舞蹈对现实生活的影响

舞蹈几乎存在于人类社会的一切领域，有人群的地方就有舞蹈。社会生活是舞蹈创作的源泉，舞蹈是社会生活的形象反映。舞蹈经过编者的提炼、组织和美化，加上舞者的肢体表达，律动地表现人们的思想感情和生活。舞蹈因其艺术表现形式，使舞者强身健体，积极的舞蹈对于心理健康也益处多多。对于欣赏者而言，舞蹈可起到审美启迪和审美赏悦的作用。舞蹈通过其积极的表现内容，还能起到思想教育作用，比如我国的经典芭蕾舞剧《红色娘子军》，将古典芭蕾与中国的民族气派融为一体，带领人们回到那个斗志昂扬的年代，激发人们的爱国情怀。当然，表现内容低俗下流、违背公序良俗和社会主义核心价值观的舞蹈也会毒害人们的思想，产生消极负面的社会影响。

综上所述，舞蹈艺术与生活息息相关，且会随着社会的发展而不断发展。重庆歌舞团提出"艺术让生活更美好"的组织使命，体现了一个国有文艺院团的使命担当和理想抱负。相信随着改革的进一步推进，重庆歌舞团定能生产出更多的歌舞艺术精品，不断满足人民群众日益增长的美好生活需要。

二、用舞蹈营销城市

全球化趋势下，国家与国家之间、城市与城市之间竞争加剧，城市营销能力的强弱，势必影响城市的整体竞争力。作为当代文化的一种形态，公共艺术早已不仅仅局限于雕塑等传统造型艺术，还延伸为艺术家为某个既定的特殊公共空间所创作的作品或者设计，它是一座城市的思想，一座城市成熟发展的标志，一定意义上表达了当地的地域特色与公众的文化价值观，在城市营销中具有不可替代的重要作用。诚然，越来越大众化的舞蹈作为以肢体语言为表现形式的艺术门类，将其归属于公共艺术毫不为过，这也可从将其纳入公共艺术教育课程体系这一实践中得到印证。

(一)舞蹈是重庆歌舞团之长

重庆歌舞团曾一度歌舞并进、相得益彰,创下了20世纪五六十年代和八九十年代"全国歌舞学重庆"的辉煌。改制以来,由于种种原因,渐渐呈现"歌弱舞强"的局面,其实这一现象在上海歌舞团也存在,且差距更甚。舞蹈是重歌(即重庆歌舞团)之长,从近些年创排的大型剧目中可见一斑,获得全国性奖项的均是舞蹈类作品。舞剧《三峡情祭》获第五届文华奖编导奖、表演奖、新剧目奖,舞剧《邹容》获第四届中国戏剧奖·优秀剧目奖,舞剧《杜甫》获第十一届中国舞蹈"荷花奖"舞剧奖。重庆歌舞团的艺术培训领域也是舞蹈一枝独秀,多个作品在"小荷风采"全国少儿舞蹈展演中夺得金银奖。

(二)舞蹈契合重庆城市形象

2018年,抖音火了,它不仅成为网友个人的社交平台,也成为城市形象塑造、城市文化输出的平台。而根据2018年《短视频与城市形象研究白皮书》,在抖音平台上,重庆城市形象短视频点击总量居于榜首,重庆成为网络爆红的"网红城市"。具有悠久历史的重庆以其休闲、时尚的现代城市形象呈现在人们面前,许多外地游客慕名而来。

在文旅融合发展背景下,文化艺术成为体现城市文化内涵,展现城市形象的重要介质。而舞蹈作为艺术门类中的重要部分,如何将其与旅游发展与城市文化传播相融合,使其成为呈现重庆城市形象的重要媒介呢?这值得我们思考。再从重庆歌舞团的发展思路来看,该团当前确立的"现代、都市、时尚"艺术风格,这与重庆的城市形象与城市定位高度契合。眼下,该团正积极推进重庆国际舞蹈艺术中心、重庆舞台艺术博物馆等立项建设,用舞蹈艺术营销城市大有可为,也必将有所作为。

(三)用舞蹈营销城市之我见

舞蹈活动或者舞蹈赛事可成为城市品牌营销的重点项目,比如上海举办的"黑池舞蹈节(中国)",它们对提升城市形象效益、经济效益、建设效益、服务品质等方面能起到积极的促进作用。我们可以从中得到启示,此处以策划中的"现代都市艺术"标志性项目——重庆国际舞蹈艺术中心为切入口,简要谈谈笔者对用舞蹈营销城市的几点见解。

1.打造西部歌舞艺术高地

按西部示范引领、重庆文化地标规划建设的重庆国际舞蹈艺术中心,与上海国际舞蹈艺术中心呼应,承接世界和国内顶级的歌舞剧目,引进或策划国际或者国家级舞蹈赛事、舞蹈艺术交流活动,展示重庆青春、激情、豪放的城市形象,提升重庆城市文化软实力。

2.引领都市时尚潮流

开展时尚、先锋都市艺术表演秀,以青春、动感的先锋舞蹈、实验舞蹈、行为艺术为主体,穿插情景声乐、激情弹奏等艺术形式,在离重庆国际舞蹈艺术中心不远的园博园、中央公园、会展中心、商业中心等地点,有计划地开展都市舞蹈艺术表演秀,引领都市潮流,丰富艺术互动新体验,增强艺术气质，带动周边消费，提升城市品质。

3. 策划驻场演艺品牌

以多功城遗址为依托，策划打造沉浸式古战争情景舞蹈剧目，开展旅游驻场演出。

发挥重庆国际舞蹈艺术中心黑匣子剧场作用，原创或引进实验性、先锋性舞蹈，开展“舞动青春”周周演；邀请国际、国内一流舞蹈剧目主演、主创、制作人，开展“触碰大师”分享活动，提升重庆的内陆开放高地和大都市的艺术形象。

文化产业背景下重庆歌舞团的集团化战略构想

蒋长朋（重庆市文化和旅游研究院）

产业是指主要凭借物质、技术、资金等生产要素相互关联而建立起来的社会生产的基本组织结构。不同的产业有其独特的产业属性。重庆歌舞团经营的歌舞艺术产业是文化产业的重要构成，是从事歌舞产品生产和提供歌舞服务的产业，以追求社会效益与经济效益的统一为目标。重庆歌舞团经营的歌舞艺术产业，由于兼具艺术与经济双重属性，其歌舞文化产品首先应具备艺术性，以满足受众的精神需求和审美需求，在保证社会效益的同时也要追求经济效益，最大限度地获得利益。歌舞产业中包含每一个与歌舞生产、服务相关的行业，这些相关行业共同组成了歌舞产业链，上下游行业之间相互作用维持歌舞产业的正常运转。与此同时，歌舞产业链条上的每一个行业，也各自形成产业，在它们的内部也进行着类似确保产业链运转的产业活动。

歌舞艺术产业所具有的双重属性对重庆歌舞团的发展方向及发展策略提出了内在要求。当前，从单一经营方式向多种经营方式转化，全面布局重庆歌舞团的集团化战略发展模式，成为重庆歌舞团的首要任务。按照重庆歌舞团的艺术发展现状与远景战略构想，重庆歌舞团形成以艺术组织建设、艺术内容生产、艺术品牌发展、衍生产品开发为主的四大战略体系。

一、艺术组织建设战略

围绕全面深化院团体制机制改革创新，按现代企业制度和解放艺术生产力的要求，创新重组歌舞团组织架构、运行机制、管理制度和薪酬体系，最大限度地调动各方面的积极性，实现个人、事业和公司的多赢发展。在艺术组织建设上的战略规划具体表现在三个方面。

第一，搭建“三室三团N队”的艺术组织架构。“三室”即导演工作室、舞蹈创作室、音乐工作室。通过“三室”的搭建，培养自有的创作团队，掌握舞台艺术创作的核心竞争力，改变目前导演外请、音乐外包的局面。“三团”即重庆市声乐团、重庆市舞蹈团、重庆市现代舞团。声乐团主要承担如音乐剧方面的演出业务，舞蹈团则是以排演原创大戏为主，现代舞团主要进行对舞蹈艺术的实验探索等。三个演出团队之间相互联系，演职人员相互调配，实现人才资源共享。“N队”即共建或者代管重庆区县歌舞艺术团队。重庆区县的歌舞演出团队较多，如石柱土家歌舞团以及传承国家非物质文化遗产“秀山花灯”的秀山花灯歌舞团等。特别是秀山花灯歌舞团，近些年由于偏向于花灯歌舞表演，花灯歌舞剧鲜有舞台呈现。重庆歌舞团从管理和创作介入，实现共管或代管，将有利于花灯歌舞剧等民俗文化艺术的传承和发展。

第二，重庆歌舞团现有的品牌推广部、市场部、舞美部分别成立文化传媒公司、演出经纪公司、舞美技术服务公司。其中，品牌推广部在实践中已取得了一定的成绩。如舞剧《杜甫》在宣传推广方面，先后获《人民日报》、中央电视台、《中国文化报》等国家级主流媒体和其他各级各类媒体报道530余篇（条、次），转载转发1500余篇（条、次）。同时，剧中的《丽人行》片段在微博、哔哩哔哩网站、抖音等自媒体平台上的播放量已超过10亿次，实现了社会价值与经济价值双赢，已具备成立文化传媒公司的市场条件。市场部和舞美部的实践经验更多来自重庆歌舞团现有的演出业务，若单独成立三个公司，能够既服务于重庆歌舞团，也可以作为技术平台为其他演出团队提供有偿服务。

第三，创办艺术培训旗舰店。一是针对重庆地区形成“区域商业”“社区商业”消费模式，在重庆主城各区的商业中心布局6个直属分校，实现主城区覆盖。二是在重庆各区县（自治县）以及四川和贵州的部分地市，通过合作或者品牌输出方式，建设多个连锁分校，最终形成“1+6+N”的艺术培训产业新格局。除江北原有的观音桥校区，在即将开业的沙坪坝金沙天街和渝北礼嘉天街分别增加了两个校区，初步形成了“一校三区”的艺术培训新格局，这既是全面布局艺术培训市场的“试水”，也将艺术培训的组织建设落到了实处。

二、艺术内容生产战略

对于歌舞艺术产业，内容是核心竞争力。内容从生产者的创意开始，贯穿于产品生产的方方面面，直至形成品牌，最后消费者消费的也是内容。部分国家甚至把整个文化产业称为“内容产业”，追求“内容为王”的产业发展目标，以此表达对文化产业及其地位的重视。①

重庆的巴渝文化是历经三千多年演变而形成的古代文化传统与陪都文化、红岩文化、移民文化有机结合的区域性文化，涉及范围广泛，民族民间艺术丰富多彩，具有宝贵的艺术创作资源。重庆歌舞团有必要也必须承担起国有艺术院团的社会责任，创作出注重艺术内容生产的歌舞艺术精品。

首先，面向内容，以“三年一部大剧”的战略目标，创作有重庆文化精神特质的大型原创歌舞剧作品。目前全国的舞台艺术、舞蹈艺术创作者的创作积极性较高，但作品在内涵方面仍显不足。艺术家过多注重主观意识的审美表达，而忽视了作品最终面向大众、走向市场的现实观照。这样的作品内容不足以满足广大人民的精神需求和审美需求，只能停留在一次性消费的命运中，这样的作品是无法实现产业化的。但是，重庆歌舞团获誉无数的《杜甫》却发挥了惊人的力量，让观众在舞蹈中看到了杜甫风雨飘摇的一生，剧中的经典片段《丽人行》也成为网络上争相模仿的“爆款”，形成人人争

①陈少峰.以文化和科技融合促进文化产业发展模式转型研究[J].同济大学学报(社会科学版),2013(1):55-61.

观的文化现象，这说明重庆歌舞团有原创内容生产的实力和能力。

其次，面向市场，保持精耕细作的匠人精神，创作一批具有鲜明重庆文化特色的旅游驻场演出剧目和小型旅游演出节目，丰富和提升重庆文化旅游的艺术内涵。追求精耕细作，通常会延长生产时间。时间越长，成本越高。因而就有不少生产者踩上了“风火轮”，为节约时间成本，提高生产效率，降低了产品的规格和标准，粗制滥造也由此产生。比如2016年10月，保利剧院上演了一台《阿拉伯舞蹈音乐盛宴》的晚会，演出水平低劣，而该团在2018年5月将作品改名为“奥悠娜舞蹈剧场——埃及舞蹈经典GALA”又登上青蓝剧场。演出当天，观众们纷纷要求退票，强烈批评这场有名无实的演出。或许投机取巧可以赚取一时的收入，但一定不会长久，而由此给自身乃至社会带来的恶劣影响却是长久的，终究不利于产业发展。因此，哪怕是小型歌舞演出节目，也一定是先保持歌舞艺术的精神价值，后追求产业发展商品性。

再次，面向时代，创作一批具有独立IP价值的音乐、舞蹈、歌舞类作品。IP是英语“intellectual property”的缩写，直译为“知识产权”。IP的应用范围十分广泛，比如音乐、影视、戏剧、动漫、游戏等等，形式也多种多样，一个名称、一个标志、一个概念、一段对话、一个故事、一个形象，只要是属于智力创造的，都能够称为IP，但不管是哪种形式的IP，只要具有一定的知名度、影响力，就有潜在的市场价值。美国迪士尼公司即是运营IP的成功典范，依靠米老鼠等广受欢迎的形象IP，衍生出主题乐园、玩具、服装等多种产品，收益远超公司主营的电影业务本身。

三、艺术品牌发展战略

对于消费者而言，品牌是一种识别系统，它是特定产品和服务的识别标志。建立品牌的目的就是与其他品牌形成差异。这种差异便于消费者区别不同的品牌并选择自己喜欢的产品。艺术品牌的建立是以优良的艺术产品质量和良好的服务为基础的。

对于生产者而言，品牌本身就是竞争的产物，因为市场上的同类产品和替代品越来越多，为了能够让消费者选择自己生产的商品，品牌的重要性不言而喻。高度发展的品牌成为一种象征，甚至成为消费者为自己所贴上的标签。

在多年深耕重庆歌舞艺术市场的基础上，重庆歌舞团线下的演出经营和艺术培训业务已具备一定的品牌影响力，但线上的商业品牌才刚刚起步。而发展艺术品牌，既要巩固线下，也要发展线上。

首先，巩固和拓展线下业务，强化品牌优势。演出方面，重庆歌舞团曾经策划并完成了巫山国际红叶节开幕式晚会，参加了“世界大河歌会”、《魅力中国城》竞演、万盛石林景区演出等一系列演出活动，已初步形成了重庆歌舞团演出品牌，但还需进一步加强与区县、文化和旅游主管部门的业务联络，扩大对区县节庆和旅游晚会的商演业务范围。艺术培训方面，重庆歌舞团主要以少儿培训和成人培训为主，并初具品牌规模，许多学生都是冲着“重庆歌舞团”的招牌慕名而来。对此，有必要充分利用品牌优势，发展高考艺术培训，既可解决学生、家长的燃眉之急，又可起到艺术教育的作用并以此形成经济效益。

其次，探索线上商业模式，形成品牌特色。新冠肺炎疫情暴发以来，国内外的艺术表演团体为了“自救”，均不同程度地开展线上演出业务来保持剧团活力。重庆歌舞团虽然尚未涉猎线上演出，但一直致力于线上的商业模式探索。如试水的“云端演艺”，探索艺人直播、短视频营销等直接演出的商业模式，也曾开设网上商店租赁服装，与知名企业苗品记合作开发“娘娘的茶”并进行网络销售，利用舞剧《杜甫》形成的品牌影响力开发演出衍生商业模式。在宣传推广上，此前主要是通过平面媒体（《重庆日报》《重庆晚报》《重庆晨报》《重庆商报》《重庆时报》《渝报》等），广播电视媒体（重庆电视台），网络主流媒体（华龙网、腾讯大渝网），户外媒体（地铁轻轨站台、机场和商圈LED广告牌）等传统媒介宣传，也起到了一定的效果。但是，《丽人行》在抖音的爆红，充分展现了线上自媒体形成的“文化谈资”所发挥的粉丝效应，相较于传统媒体的“循规蹈矩”，更有助于品牌特色的形成。

四、衍生产品开发战略

随着艺术衍生品市场的持续升温，艺术衍生品的开发铺天盖地，各类文创产品层出不穷。人们购买艺术衍生产品的原动力，一定是根植于优秀的舞台艺术作品。因此，衍生产品的开发务必要紧紧围绕其原创的艺术作品。

首先，以原型拓展寻求价值突破。德国著名学者本雅明认为，复制品本身并不具有价值，产生价值的是复制时所参照的物品，是这种稀缺的物品所具有的灵光让沉溺在物质泛滥世界中的人们在对这种特殊物质的复制品的占有行为中，稍稍脱离了物欲层面，赋予了其精神追求的属性。①重庆歌舞团基于《杜甫》中的人物服饰，结合当下“古装”风靡的审美需求，演出结束后推出了现场服装设计、定制的服务，这种商业模式既满足于观众的审美追求，也实现了衍生产品的艺术价值。

其次，以原创突破进行跨界整合。在衍生产品的开发领域，基于原创的“跨界”整合是有深层原因的。在飞速发展的社会中，人们逐渐形成了新的生活方式，对产品的体验消费需求不断增长，简单地以功能定位的产品已无法满足消费者的情感需求。这需要一种新的物质载体出现，以整合原本毫不相干的元素，使之相互渗透融合，以适应消费者新的生活态度与审美品位，给消费者带来新的产品体验。跨界整合意味着突破，其最核心的突破不仅是物与物的连接、场域与场域的融合，而且是观念、概念、思维、方法、感觉、状态、立场的转化，比如与苗品记合作推出的“娘娘的茶”，茶叶展示了中国千年的茶文化，茶杯的创意设计则体现了舞剧《杜甫》中的汉唐宫殿与经典片段《丽人行》的舞美背景，具有较高的美学价值。

再次，以原地深挖传承地域文化。无论是历史文物、建筑遗产、文化遗迹等物质文化遗产，还是节庆风俗、传统手工、表演艺术等非物质文化遗产，都是在漫长的时间中形成的稀缺文化资源，具有

①转引自彭彤，支宇．艺术史叙事与艺术经典的重构——四川大学艺术学专业教学研究文献与论文集（2015）[M]．成都：四川大学出版社，2016：150.

无可替代的文化价值。重庆歌舞团在衍生产品开发上不应只限于《杜甫》一剧，也不应局限于小物件的设计制作。重庆歌舞团曾创作了舞剧《邹容》《三峡情祭》等大批优秀作品，呈现了重庆的红色文化及移民文化等内容。在对这些地域文化独特的文化价值、历史价值、自然价值深刻理解的基础上，可依托重庆歌舞团的优秀作品，建设一个以舞美仓库、艺术展示及展演、艺术体验、艺术民宿为主体，服务功能配套的艺术博物馆（或艺术社区），用现代的设计语言去表达艺术理念，以延展重庆歌舞团的艺术产业链。

参考文献：

[1]李玲．艺术衍生品的开发与创新研究[J]．郑州轻工业学院学报（社会科学版），2015(3)：102-108.

试论薛涛诗歌的儒家民族观

刘建平
（重庆市石柱民委民族文化研究所）

【摘要】本文对唐代成都著名女诗人薛涛的人生轨迹进行了回顾，对其创作的诗歌进行了介绍，对以《筹边楼》《谒巫山庙》等为代表的诗歌进行了分析。文中归纳了薛涛诗歌的儒家民族观。

【关键词】薛涛；诗歌；儒家；民族观

《筹边楼》

平临云鸟八窗秋，壮压西川四十州。
诸将莫贪羌族马，最高层处见边头。

这是唐代女诗人薛涛从成都到羌族地区，今天的阿坝州理县薛城筹边楼所作的一首诗，体现出其儒家民族思想的丰富内涵。

一、薛涛的人生概况

薛涛（？—832年），是一个带有传奇色彩的唐代女诗人，字洪度，长安（今陕西西安）人。薛涛与刘采春、鱼玄机、李冶并称唐朝四大女诗人。薛涛、卓文君、花蕊夫人和黄娥并称为蜀中四大才女。

薛涛从小就受到儒家文化的浸润。小时候随做官的父亲薛郧入蜀。薛涛8岁能诗，通晓音律，多才艺，姿容美艳，性情敏慧。薛涛八九岁的时候就与父亲对诗，创作了她最早的诗《井梧吟》。“枝迎南北鸟，叶送往来风”是薛涛该诗中的名句。诗中虽然还没有什么儒家民族观，但是确实体现了少时薛涛的卓越才情。

薛涛一生坎坷。尚未成年的时候，她的父亲不幸死亡，她和母亲孤苦伶仃，流寓蜀中。薛涛16岁的时候，人生发生了转折。唐德宗贞元年间，韦皋出任剑南西川节度使，召令赋诗饮酒，薛涛遂入乐籍。之后与高崇文、武元衡、李德裕等西川节度使，均有唱酬。韦皋（一说武元衡）曾经奏请朝廷授以薛涛秘书省校书郎的官衔，格于旧例，没有能够实现，但人们往往还是称她为“女校书”。

薛涛的爱情、婚姻曲折。薛涛早年与韦皋、元稹有过恋情。恋爱期间，薛涛自己制作桃红色小笺用来写诗，后人仿制，称“薛涛笺”。元稹有诗《寄赠薛涛》：“锦江滑腻峨眉秀，幻出文君与薛涛。言语巧偷鹦鹉舌，文章分得凤凰毛。纷纷词客多停笔，个个公卿欲梦刀。别后相思隔烟水，菖蒲花发五云高。”薛涛有诗《寄旧诗与元微之》：“诗篇调态人皆有，细腻风光我独知。月夜咏花怜暗淡，雨朝题柳为欹垂。长教碧玉藏深处，总向红笺写自随。老大不能收拾得，与君开似好男儿。”薛涛与元稹进行诗歌唱和传为佳话，但是薛涛历经几次爱情终究没有开花结果，终身未嫁。（如今成都望江楼公园有薛涛的爱情诗歌展板和“薛涛笺”制作工艺的非遗展示厅。）

晚年薛涛追求清净，仍然创作诗歌。其与宗教结缘，好作女道士装束，建吟诗楼于碧鸡坊，在清幽的生活中度过晚年生活。卸下一身的哀愁，换上粗布道衣，心情平和地接受老去的事实，安享高寿。（成都望江楼公园有薛涛井、薛涛墓等文物遗址。）王建《寄蜀中薛涛校书》诗称道“万里桥边女校书，枇杷花里闭门居。扫眉才子知多少，管领春风总不如”，对儒家女诗人薛涛进行了高度评价。

二、薛涛的诗

薛涛作为诗人和唐代著名诗人元稹、白居易、张籍、王建、刘禹锡、杜牧、张祜等人都有唱酬交往。著有《锦江集》5卷，今遗失。《全唐诗》录存其诗1卷。薛涛堪称巴蜀第一才女，一生作诗500余首，流传至今诗作有92首，是中国古代留存诗作最多的女诗人，从数量上讲是当仁不让的中国古代第一女诗人。①

《唐诗纪事》《唐才子传》有薛涛的事迹和诗歌介绍。“涛八九岁知声律，其父一日坐庭中，指井梧示之曰：‘庭除一古桐，耸干入云中。’令涛续之，应声曰：‘枝迎南北鸟，叶送往来风。’父愀然久之。”可见其才思之敏捷。世所传诵的《送友人》《题竹郎庙》等篇，以清词丽句见长。她还有一些具有思想深度、关怀现实的作品。她曾到过接近吐蕃的松州（今松潘一带），有《罚赴边有怀上韦令公》诗“闻说边城苦，如今到始知。好将筵上曲，唱与陇头儿”，对边疆群众和防守士兵的艰苦生活寄以深切同情。杨慎说它“有讽谕而不露，得诗人之妙”（《升庵诗话》）。《四库全书总目》也认为她的《筹边楼》“托意深远”“非寻常裙屐所及”。

三、薛涛诗歌的儒家民族观

作为唐代第一女诗人，薛涛的诗歌内容丰富多彩，涉及抒情、咏物、叙事、别离、酬赠等内容。其儒家民族观在一些诗歌中多有体现。

儒家民族观研究专家李克建的论文《儒家民族观思想基础探源》认为，儒家政治思想中的“天下观念”和“大一统”思想，以及儒家“仁”与“礼”的核心思想，不仅为儒家民族观奠定了坚实的思想基础，而且为其得以世代传承提供了重要的内在动力。儒家是在“天下观念”的框架内认识夷夏问题的，在这一框架内，以文化和礼仪辨别夷夏。儒家的“大一统”思想主要有政治上一统于天子，文化上一统于“周礼”两层含义。儒家的“仁”学思想对民族观领域影响最深者在两个层面：其一是“仁者，爱

①汪辉秀.巴蜀第一才女：薛涛诗解析[M].成都：四川师范大学电子出版社，2013:3.

人”,其二是“仁者,泛爱众”[①]。

从薛涛的人生经历看,少小在陕西,之后一直在成都及其周边,她涉足川西,与吐蕃、羌族部落有直接交往。薛涛一些诗中反映出“天下观念”思想,以及自己对儒家“仁”“礼”核心思想的亲身实践。

薛涛的《送友人》“水国蒹葭夜有霜,月寒山色共苍苍。谁言千里自今夕,离梦杳如关塞长”,向来为人传诵,是可与唐代才子们竞雄的名篇。初读此诗,似清空一气;咏之良久,便觉短幅中有无限蕴藉,藏无数人生曲折。看似写与友人离别,其实也有家国天下的思想。

薛涛年轻时候的《罚赴边有怀上韦令公》诗句“闻说边城苦,而今到始知”,表明其通过在藏族羌族地区的亲自实践,体会到了边疆地区生活的艰苦,体现了薛涛对当地人民的深切同情。在薛涛著名的《筹边楼》一诗中有“诸将莫贪羌族马”的名句,这是她民族情怀的重要体现。“春秋时期,儒家学说的创始人孔子提出了‘故远人不服则修文德以来之,既来之,则安之’的‘用夏变夷’的教化策略,而且提出‘修其教,不易其俗;齐其政,不易其宜’的既对少数民族施行教化又尊重其风俗和传统文化的原则,以期达到‘四海之内皆兄弟’的目的。”[②]李克建也在《儒家民族观对我国古代民族关系的影响及现代启示》中指出,儒家不仅强调“夷夏之辨”,更强调“用夏变夷”和以“礼”分华夷。[③]中华各个民族之所以能够在政治、经济、文化等方面密切接触、互相吸收、互相依存,形成强大的内聚力,共同缔造、建设统一的多民族国家,与儒家民族观的深刻影响密切相关,而这种影响又主要表现在民族关系的政治层面和文化层面上。[④]薛涛诗歌中既有“夷夏之辨”,也有“用夏变夷”和以“礼”分别华夷的儒家民族思想观念。

李德裕出任剑南西川节度使,修建筹边楼于阿坝州理县薛城(一说在成都西郊),常与僚属在此楼筹划边疆事宜。他在任内收复被吐蕃占据的维州城,西川地区一直被维持得很安定。《筹边楼》一诗通过对筹边楼壮观景色的描绘和对时过境迁、时移事异的感叹,表现了诗人托时感事、忧心国事的真挚感情。前两句侧重描写筹边楼的高峻壮观,点明筹边楼乃形胜之地。后两句侧重议论、感慨,严正批评边将的短见与贪婪。全诗章法严谨,语言雄豪精警,意味深长,耐人寻味。

此诗有叙述,有描写,有议论,有感慨,呼吁华夷一家,不要纷争,充分显示出女诗人对国势的宏深器识,表现了其忧国忧民的生动形象。薛涛主张与边地藏羌民族和平交往,友好相处,加强交流,一定程度体现出了民族平等的思想。

薛涛的不少诗作看似写儿女情长,其实在呼吁“天下兴亡,匹夫有责”的精神。“民族问题与边疆问题乃至国际问题永远是密切联系在一起的……国际关系与民族关系往往交织在一起,民族观也就往往表现为边疆观、国际观。”[⑤]

来看看她的《谒巫山庙》和《赠远二首》。

①李克建.儒家民族观思想基础探源[J].西南民族大学学报(人文社科版),2008(11):9-13.

②高永久等.民族学概论[M].天津:南开大学出版社,2009:181.

③李克建.儒家民族观对我国古代民族关系的影响及现代启示[J].中南民族大学学报(人文社会科学版),2009,29(1):36.

④樊文礼.儒家民族思想研究:先秦至隋唐[M].济南:齐鲁书社,2011:258.

⑤樊文礼.儒家民族思想研究:先秦至隋唐[M].济南:齐鲁书社,2011:207.

《谒巫山庙》:“乱猿啼处访高唐,路入烟霞草木香。山色未能忘宋玉,水声犹似哭襄王。朝朝暮暮阳台下,为雨为云楚国亡。惆怅庙前无限柳,春来空斗画眉长。”历史上的楚襄王不事朝政,荒淫无度,缠绵于儿女情长之中,导致国家衰亡。薛涛以史为鉴,呼吁当时的统治者要以国家和民族利益为重,以免重蹈覆辙。

《赠远二首》其一:“芙蓉新落蜀山秋,锦字开缄到是愁。闺阁不知戎马事,月高还上望夫楼。”其二:“扰弱新蒲叶又齐,春深花落塞前溪。知君未转秦关骑,月照千门掩袖啼。”此二首似写闺阁之愁,实则道出了家国事。

总之,薛涛作为唐代第一女诗人,才华横溢,其诗歌中具有家国天下等儒家民族观,值得我们挖掘研究。

参考文献:

[1] 汪辉秀.巴蜀第一才女:薛涛诗解析[M].成都:四川师范大学电子出版社,2013.

[2]李克建. 儒家民族观思想基础探源[J]. 西南民族大学学报(人文社科版),2008(11):9-13.

[3]高永久等.民族学概论[M].天津:南开大学出版社,2009.

[4]李克建. 儒家民族观对我国古代民族关系的影响及现代启示[J].中南民族大学学报(人文社会科学版),2009,29(1):36-40.

[5]樊文礼.儒家民族思想研究:先秦至隋唐[M].济南:齐鲁书社,2011.

[6]金炳镐.民族理论政策概论[M].北京:中央民族大学出版社,1994.

[7]萧洪恩,萧菁. 民族性与现代性:少数民族哲学视域的马克思主义哲学中国化[J]. 湖北民族学院学报(哲学社会科学版),2012,30(1):75-81.

从黔江区文物管理所珍藏一件青铜虎钮錞于看巴人图腾文化演变

彭一峰
（重庆市黔江区文物管理所）

【摘要】巴人的图腾文化源远流长。重庆市黔江区文物管理所馆藏青铜乐器虎钮錞于饰有巴蛇图腾和龙图腾两个纹饰，巴蛇代表汉代巴人原始图腾文化的"回光返照"，虎钮体现廪君白虎图腾的发展历史，龙纹则是巴人走向华夏民族共同体的象征。巴人图腾文化在汉代图腾文化中有其自身的社会功能，其演变有着政治、经济、文化、社会和精神等方面的原因。

【关键词】黔江；虎钮錞于；图腾；演变

巴人是一个多部落民族，其图腾的演变发展在学术界有着若干争议。笔者认为，重庆市黔江区文物管理所（简称"黔江文管所"）珍藏的一件青铜虎钮錞于可以帮助我们厘清学术争议中的一些问题。与此同时，我们也可从这件青铜虎钮錞于中认识到巴人图腾文化的演变所带来的巨大影响力和传承力，以及巴人图腾文化的包容性和复杂性。黔江文管所馆藏巴人虎钮錞于将巴蛇、白虎和龙纹三个图腾文化符号熔铸于同一器物，为我们研究巴人图腾文化的兴起、演变和发展提供了重要的实物资料。

一、黔江文管所馆藏青铜乐器虎钮錞于的基本情况

商周时期，黔江乃巴国属地，今为渝东南土家族苗族聚居地核心地带。重庆市黔江区文物管理所珍藏有一件青铜虎钮錞于，于1956年6月从黔江区冯家街道寨子居委会大路坪玉皇阁征集入库。它是巴人遗留下来的珍贵的青铜乐器，时代为汉代，国家一级文物。錞于底径21厘米，高54厘米，整体修长，器形规整，形制完整。纹饰图案除了有对中原商周时期青铜器饕餮纹进行重新组合的纹饰，还有回字纹、葫芦纹、弦纹等，其中尤为特别的是巴蛇纹和龙纹两种图腾纹饰。錞于顶盘的钮为虎钮。巴蛇和白虎均为巴人图腾和族徽，是巴人器物的标志和象征。首先来看巴蛇图案，它铸于錞于虎钮的尾巴下方，头大致呈三角形，比例较大，其身体用一条弯曲的线条表示，具有前粗后细的形态特征，身体较长且转了两个弯，给人以动态感。史书中多有巴人崇蛇的记载，该錞于上的蛇纹应为巴人早期的图腾巴蛇。该蛇纹头形较大，凸显了其凶猛的个性化特征，这与史料描述的巴蛇凶猛吻

合。其次，从虎钮来看，白虎位于錞于顶盘的中央，呈站立状，头形较方正，前部轮廓线条较清晰，面部表情凶恶，两耳向后立，前、后腿向后略倾，四脚踏于錞于顶盘之上。其身体略向下弯曲，饰虎斑纹。尾巴整体呈向下弯曲形态，尾尖向上弯曲成圈。再次，从龙纹来看，其位于錞于顶盘靠近边缘的部分，龙身有鳞、脚等基本形态，无角，呈飞升状，头部简化，各部位基本完整。该龙纹已脱离了最初的形态，标志着汉代黔江龙纹的形态已基本成熟，与中原成熟期的龙纹特征大体一致。虎钮和蛇纹、龙纹在表现手法上均具写意性，比如蛇身用一条弯曲的线条表示，虎头则与真实虎头形象有较大出入。

二、从蛇、龙图案和虎钮看巴人图腾文化之演变

1.巴蛇纹饰反映了巴人早期图腾文化的顽强生命力

“巴”字较为普遍的含义是蛇，古人甚至认为“巴”是一种能吞食大象的蛇，故流传有“巴蛇吞象”之传说。东汉许慎《说文解字》载：巴，“虫也，或曰食象蛇，象形”。《山海经》中提到“又有朱卷之国，有黑蛇，青首，食象”。此外，“巴”字还有白虎、河流、苴草等含义。[①]笔者认同较为广泛的一种说法，即“巴”为蛇之意。

学术界认为巴人崇蛇是一个不争的事实[②]，大多数学者认为巴蛇为巴人最早的图腾。吴敬恒在《避巴小记》一文中认为：“巴，巨蛇也，巴蜀古居西南蛮夷中，巴地多巨蛇，先民习见，以名其地。”[③]渝东南地区秀山土家族苗族自治县的巴人后裔土家族人，至今还敬蛇如神，不打蛇，不食蛇，不直呼蛇名，而称其为“金串子”“银串子”。在秀山县石堤悬棺中还发现了两千多前古代巴人的蛇形文字和图腾。[④]这些均是巴人崇蛇的例证。

古代巴人是一个多部落的民族，巴人崇蛇的同时，也崇拜鸟、鱼、虎、鳖等动物。需要说明的是，这里所指的虎崇拜与后面提到的白虎崇拜是有区别的。向柏松在《从巴蛇到白虎：巴人图腾的转换》一文中提出，以廪君为界，古代巴人的图腾前后迥异，在廪君之前，巴人以崇信巴蛇为主流，之后则崇白虎之风盛行。[⑤]宋乐史《太平寰宇记·四夷·徼内南蛮》“廪君”条云：“廪君种不知何代，初有巴、樊、瞫、相、郑五姓，皆出于武落钟离山，其山有赤黑两穴，巴氏之子生于赤穴，四姓之子皆生于黑穴，未有君长，共立巴氏子务相，是为廪君，从夷水下至盐阳，廪君于是居平夷城，四姓皆臣之。”宋乐史《太平寰宇记》亦云，廪君“精魄化为白虎”，这也反映了古代巴人崇尚白虎的图腾观念。

巴人发源地为湖北省长阳县武落钟离山，巴人沿今阿蓬江进入黔江境内，并不断向西迁移。西周时，巴人在江州（今重庆）建立巴子国，简称巴国。[⑥]黔江为巴人由东向西迁入的必经之地。武陵山区的巴人主要是廪君种（黔江地处武陵山区），重庆主城位于黔江西北面，因此，笔者认为，重庆主城

① 艾露露．巴文化基本问题述略［M］//重庆中国三峡博物馆．长江文明（第五辑）．郑州：河南人民出版社，2010:77-79.
② 李萍．论龙蛇巴人的图腾崇拜［J］．开封教育学院学报，2019(4):210-211.
③ 转引自李萍．论龙蛇巴人的图腾崇拜［J］．开封教育学院学报，2019(4):210-211.
④ 赵生军．中国古代蛇图腾崇拜刍议［J］．思茅师范高等专科学校学报，2007(4):59-62.
⑤ 向柏松．从巴蛇到白虎：巴人图腾的转换［J］．湖北民族学院学报（社会科学版），1992(1):43-47.
⑥ 冉景福．黔江民族源流浅述［M］//黔江文史（第六辑），1992:102.

境内的巴人也为廪君种。按向柏松的观点，廪君种巴人是崇拜白虎的氏族部落，其图腾为白虎，由此可推断巴渝大地的巴人以白虎图腾崇拜为精神文化信仰。但为什么在汉代巴人青铜乐器上出现了巴蛇纹饰呢？笔者认为，这不仅是一种巴蛇图腾文化的“回光返照”，也是巴蛇图腾文化作为一种古老的精神力量和心理需求的象征性符号的反映。笔者认为这说明了两个方面的问题。一是崇信巴蛇的氏族部落的后裔在巴国建立后还有着强大的势力。李萍认为，在古代，图腾崇拜与祖先崇拜是一致的。[①]图腾被尊崇它的族人视为祖先或其他亲属，与“族”有神秘的血缘关系，同时也被视为族人的守护神。图腾文化本质上是上古时期氏族社会的一种原始宗教信仰。巴蛇作为巴人早期的一种图腾，是凝聚巴人部落成员的强大思想和文化武器。青铜乐器上铸造的巴蛇图腾符号，不仅展示了崇信巴蛇的氏族部落的后裔的存在及其内心的信仰需求，也反映了其对祖先的怀念。二是在巴国灭亡后，白虎图腾文化的影响力、约束力有所减弱。任何一种文化都是靠人来传承和发展的，图腾文化不仅反映了人的思想和内心世界的发展变化，也反映了社会文化的演变和发展，也就是说，什么样的时代孕育什么样的文化。巴国建立后，巴人受白虎图腾信仰文化大洗礼，而在巴国解体后，强制性信仰白虎图腾文化的机制消失，人们的信仰自由有了一定程度的发展空间。黔江文管所珍藏的这一件青铜虎钮錞于为汉代文物，当时，巴国已消亡，新的国家体制已建立起来，在这种情况下产生了复古的崇信巴蛇的氏族文化。从图腾符号的位置、布局和大小关系看，巴人的信仰仍以白虎图腾为主流，巴蛇图腾则处于次要地位。从图案分布来看，巴蛇纹饰位于虎钮尾巴的下端，极不易引人注意。此外，相较虎钮和龙纹来说，巴蛇纹饰也要小得多，把它式微和卑弱的一面展现无余。虽然如此，巴蛇图腾的出现也反映了巴蛇信仰的巴人族群及其后裔的内心需求，象征着他们内心的一种信仰的释放，亦体现了巴蛇图腾文化强大的生命力。

黔江文管所收藏的这件虎钮錞于上的巴蛇图案还反映了当时社会图腾文化的蜕变和传承过程。汉代，巴地以白虎图腾文化为主流，巴蛇图腾符号在这时的出现，所掀起的波澜虽不大，却折射出当时一些人信仰的“返古”和当时社会文明的多样性及多元化。

有的学者认为，在巴蛇图腾文化之后，还出现过鸟、鱼和鳖的图腾文化过渡时代，之后才迎来巴国廪君的白虎图腾文化时期。也就是说在巴蛇图腾文化与白虎图腾文化之间穿插有鸟、鱼、鳖等图腾文化过渡阶段。但从黔江文管所收藏的这件虎钮錞于的巴蛇图案来看，笔者认为这种观点有误。文化的传承有着自己的规律和特点，一般情况下，近期的图腾文化较远期的图腾文化有更强大的传承力。在汉代以白虎图腾文化为主流，而巴蛇图腾文化与鸟、鱼、鳖图腾文化并无高低贵贱之分，在这样的社会环境和条件下，这件青铜錞于的虎钮尾巴下方铸造的是巴蛇而非鸟、鱼等图腾纹饰，就可以表明在巴蛇图腾和白虎图腾的转换之间不存在鸟、鱼等图腾文化阶段的可能性增大。笔者认为，鸟、鱼、鳖等图腾文化与巴蛇图腾文化是并存的，即它们为横向的关系，而非纵向的关系。也有人会说在巴地出土的大量铸有鱼纹图案的汉代青铜洗是不是反映了鱼图腾文化？这样的铜洗器物在黔

① 李萍.论龙蛇巴人的图腾崇拜[J].开封教育学院学报，2019(4):210-211.

江文管所就有好几件。笔者认为，这并不是鱼图腾文化在廪君白虎图腾文化之后的再现，而是渔业经济的反映，我们从三峡库区出土的大量汉代鱼网坠就可以佐证这一点。在黔江区高碛遗址和石城遗址也出土过少量的汉代鱼网坠。这些均说明汉代巴地出土的青铜洗上的鱼纹为渔业经济发达和发展的文化现象，而非一种图腾文化的折射和反映。笔者认为，黔江文管所的这件青铜虎钮錞于，可以间接地佐证在巴蛇图腾文化与白虎图腾文化之间未曾有鸟、鱼等图腾文化过渡的时代，也进一步表明巴蛇图腾文化向白虎图腾文化转变。

2.从虎钮看巴人白虎图腾的历史影响力和传承发展的文化进程

廪君时代正是廪君所统领的这支巴人由母系进入父系的时代，廪君射杀盐水女神，表现了父权制对女权制的胜利。而这必然带来图腾文化的变更。从廪君始，白虎图腾就开始成为巴国的意识形态思想统治基础。就巴国而言，白虎图腾文化既是最高的又是基础的统治根基，同时，还是最神圣的思想和文化精神的重要象征。作为一个主导巴国思想文化的武器来说，其影响力极其广泛而深远，它对巴国和巴人的社会生产生活及民风民俗的影响深度和广度均是前所未有的，是以前其他图腾文化所无法比拟的。林琳在《论白虎图腾文化的源流》中指出，白虎是一些原始人想象中具有无限威力的神兽，他们相信自己与白虎之间存在着特殊的亲缘关系，认为自己氏族全体成员都起源于白虎，于是他们把白虎视为自己的祖先、亲族和保护神而顶礼膜拜。这种图腾崇拜是和以血缘关系为纽带的氏族制度伴生的。鉴于原始思维的蒙昧性、混沌性和幻想性等特点，氏族成员对虎的生理构造、习性和生活规律不可能正确认识和理解，只能借助于某种超自然的神秘力量，以一种主观的幻想形式对白虎的现实矛盾关系加以反映。①

秦灭巴后，虽巴国不复存在，巴国统治体制已消失，但象征巴人思想和精神的图腾文化却长期被巴人保留和传承下来。这种传承体现在诸多方面，比如对巴人后裔的称呼。秦灭巴后，巴族的后裔分支较多，其称呼纷繁复杂，如“白虎夷”“白虎人”“虎子”等。②黔江文管所珍藏的这件汉代青铜虎钮錞于上，虎钮布局于錞于顶盘中央，相较铸于顶盘的龙、蛇图案更为显著，且铸造工艺也更复杂。铸造于青铜錞于上的虎钮，不仅体现了巴人的白虎图腾崇拜，更重要的是它承载着巴人在巴国灭亡之后仍然崇信白虎的文化基因。这样的设计和构思表明白虎图腾文化相较于龙图腾文化和蛇图腾文化在人们心目中有着更为重要的地位，说明在巴国消亡后，白虎崇拜并未随着巴国的消亡而消失，巴人仍保留着以白虎图腾为主流的信仰文化，体现了白虎图腾文化所表现出来的强劲的生命力。

在古代，白虎与青龙、朱雀、玄武齐名，并称四大瑞兽。它以威猛、勇武而著称。白虎崇拜也塑造了巴人不畏艰险、骁勇善战、强健剽悍的性格特征。③这种性格特征与古代巴国和巴地周边多战事所形成的现实需求有关。人的生存是一切社会生产生活的第一原动力。巴人必须要有强大的战斗力和意志，以及如白虎般威猛、勇武和坚韧的性格特点，如此才能适应巴地和巴国周边多战事的环境。

① 林琳.论白虎图腾文化的源流[J].中华文化论坛,1998(1):59-63.
② 林琳.论白虎图腾文化的源流[J].中华文化论坛,1998(1):59-63.
③ 邱嫦娟.巴人白虎图腾研究[D].成都:四川师范大学,2011:22.

图腾文化不仅与当时人们的认知相关,还与氏族部落的内部需要有着重要的关系。社会需要一种信仰文化来教化众人,使其成为社会成员思想和精神上的依托,形成凝聚社会成员的力量。白虎崇拜产生于巴国的特定历史、文化及政治环境中,它既是历史和文化发展的需求,也是政治思想发展的需求,还是社会生活和民族发展的需求。錞于作为乐器,主要应用于战争、祭祀集会和宗庙宴会三种场合。①这些场合在古代是隆重、庄严和极为重要的。《左传》载"国之大事,在祀与戎",可见战争和祭祀在国家和民间社会生活中的重要性。这也进一步说明白虎图腾在巴人心目中的地位是很高的。西汉初期,政府先后制定了一系列休养生息政策,社会、经济、文化取得了较大的发展和繁荣,社会相对稳定,亦未发生大的战事,史称"文景之治"。黔江地区跟全国的情况一样,农业生产得到恢复发展,人民生活得到极大改善。②因此,笔者推断,黔江文管所藏的这件虎钮錞于用于战争的可能性很小,更可能主要运用于祭祀活动和宗庙宴会。

虽没国家层面的推行、推崇和提倡,但汉王朝并不禁止原始信仰文化的发展,而采取包容的政策和态度,这也是黔江巴人在汉朝能把白虎图腾作为其主流的信仰文化来推行和发展的重要原因。巴人及其后裔通过自发、自觉行为,接受、传承、发展白虎图腾文化。除黔江外,在其他巴地发现的汉代虎钮錞于还有不少,它们均是巴人白虎图腾文化的产物和明证。白虎崇拜作为一种起源于原始社会的信仰文化,已具备宗教的基本特征,它调整着人们的思想和行为,是集信仰、理念、组织、制度于一体的复合文化体。巴人认为其首领廪君"精魄化为白虎",因而视其为崇高的神灵动物。这样的崇拜甚至影响了武陵山区以巴人后裔为主体的土家族,他们依然将白虎图腾作为自己的一种思想寄托和最原始的文化基础。白虎图腾文化早期为巴国统治者灌输于巴人的深层意识和观念的原始宗教信仰,而后来逐渐演变为巴人自觉传承的文化基因。黔江文管所收藏的这件青铜虎钮錞于反映了白虎图腾文化在华夏民族发展中的那段辉煌历史,体现了白虎图腾文化强大的生命力和历史影响力。

3.从龙纹图案来看华夏民族的思想、文化、精神的融合与演变

对于龙图腾的起源,学术界众说纷纭,但最为广泛的说法是它是上古时期黄帝在统一中原时把主要氏族部落的图腾加以糅合,各取其一部分组合而成的虚拟动物——龙。③笔者认同这一观点。韩晓松教授在《龙图腾与中华文化》一文中提出,龙是一个综合了很多动物特征的图腾,这反映了华夏民族形成的复杂性和文化的包容性,体现了民族之间的尊重和平等。④

黔江文管所这件汉代虎钮錞于的龙图腾纹饰,反映出秦汉以后,巴人正在逐渐融入华夏民族共同体。虽然虎钮錞于上的龙纹饰与现今的龙纹图案存在一些差异,龙身体的一些部位也很抽象,但整体形象已基本成熟。从形体来看,龙纹不及虎钮显眼,但比巴蛇纹饰突出,它铸于錞于顶盘的显眼之处,而不像巴蛇纹饰图案铸造于虎钮尾部下方。这表明它在当时巴人心目中是有着重要的地位和

① 马承源.中国青铜器[M].上海:上海古籍出版社,1988:296.
② 谢世龙.黔江县史概说[M]//黔江文史(第六辑),1992:29.
③ 贾薛飞.龙图腾之浅析[J].晋城职业技术学院学报,2014(5):90-92.
④ 韩晓松.龙图腾与中华文化[J].大观周刊,2012(18):25-26.

价值的。汉代，对于巴人来说，是一个白虎图腾、龙图腾、巴蛇图腾等文化共存共依的时代。龙纹与白虎、巴蛇图腾纹饰共铸造于一件器物，不仅展现了龙图腾与其他图腾文化在地位上不同，也深刻反映了它们相互依存、和谐共处的一面。巴人是华夏民族的组成部分，巴人文化与汉民族的文化存在相互吸收、相互容纳的关系，但不同的文化在巴人心中的分量是不同的。从黔江文管所的这件虎钮錞于来看，巴蛇、白虎和龙在虎钮錞于顶盘的布局、大小、位置，在一定程度上反映了这种心理分量，是巴人心目中各种图腾文化的势力的外在表现形式之一。

汉代是我国历史上社会、经济、文化、思想和科学全面发展和繁荣的时期，亦是各民族融合发展的时代。在这个大的历史和社会背景下，不同的文化相互交融，这进一步促进了文化的大发展和大繁荣。黔江文管所馆藏虎钮錞于见证了巴人图腾文化信仰的一个特殊的过渡阶段，即从巴人以白虎为主流的图腾文化转向以龙为主导的图腾文化。同时，图腾文化的转变、发展、融合也体现了汉人与巴人相互融合进而形成华夏民族共同体的历史事实。

三、巴人图腾文化在华夏民族史上的地位和意义

巴人是华夏民族的一部分，巴蛇图腾、白虎图腾以及在民族融合进程中形成的龙图腾，是巴人找到自己的社会定位和文化定位的见证。人们常说，民族的即是世界的。当时朴素的巴人并没有形成这样的世界观，与汉文化以及与汉民族的交融发展是在发展大势下的一种自然反应，它超然于现代理论体系之下。巴人的图腾文化就是在不同社会发展时期产生、演变和发展的。它反映了巴人特有的自豪感、自信心和自尊心，表现了巴文化强韧的传承力和生命力。虽然今天我们能见到虎钮錞于这样的上古时期古人留给我们的文化遗产，但这些遗产所传递给我们的关于古人信仰和图腾文化的信息依然是很有限的。因而，我们在这些古代遗产所传递的历史文化信息的基础上所做出的论证可能并不全面，但这些有限的历史文化信息依然值得我们认真对待。笔者认为，巴人巴蛇图腾、白虎图腾和龙图腾文化的演变、转换和发展是巴人发展史乃至中华民族发展史上的一个缩影，也是我们研究巴国、巴地和巴人的重要的实物资料。巴人素来以勤劳、勇敢著称于世，他们所创造出的富有自身特色的图腾信仰和文化符号，为我们研究巴人的历史和图腾文化以及巴人融入华夏民族共同体的历史进程有着重要的参考价值。

图一　錞于立面照

图二　虎尾下方的蛇纹图案

图三　龙图腾图案

巫溪县民间手工技艺存续调查与保护研究

佘平
(重庆市巫溪县民间文艺与民俗文化协会)

【摘要】经全县普查,在列入调查统计的建造技艺、金属工艺、编织扎制等9个大类的41个民间手工技艺项目中,处于经营状态或有零星活动的有瓦作、木作、竹编、造纸、剪纸、酿酒、制茶等26个项目,但剪纸、木雕、石雕、弹棉花等已濒临灭绝,银作、纺织、印染等已完全消失。目前,民间手工技艺普遍存在日趋衰落、生存环境恶化与市场空间日益狭小、产业化举步维艰、保护不力等问题。为此,全社会要重视民间手工技艺的保护和传承。遵循分类保护、活态传承原则,为其营造良好的生存环境和发展空间。

【关键词】巫溪县;民间手工技艺;存续状况;保护

刺绣、编织、石雕等民间手工技艺,是数千年来一代代民间艺人(匠人)不断探索、创新、积累和传承下来的重要文化遗产。但随着生产技术的进步,传统民间技艺逐渐被现代工业技术所淘汰,尤其是近二十年来,随着老一代民间技师一个个离世,民间手工技艺到了濒临灭绝的境地。为挖掘和保护传统文化,促进民间手工产业发展,自2014年5月起,巫溪县民间文艺与民俗文化协会设立了“民间手工技艺存续状况及产业化”专项调研课题。通过实地考察、抽样问卷调查、入户访问,对全县各乡镇民间手工技艺的种类、特点、地域分布、产业化活动及存在的问题,进行了系统全面的调查研究。至2020年初,完成了对全县32个乡镇街道的实地调查和资料整理工作,摸清了全县民间手工技艺现状和存在的问题,编印了《巫溪县民间手工技艺调查报告》,提出了民间手工技艺保护、传承和产业化发展的建议与措施。

一、巫溪县民间手工技艺存续状况

巫溪县位于长江上游地区、重庆东北部。地形以山地为主,面积4030平方公里,亚热带季风气候,水利、森林和旅游资源丰富。全县辖2个街道、19个镇和11个乡。截至2017年底,全县户籍人口54.26万人,常住人口38.53万人。自东汉建县以来,曾设县、郡、监、州建制,先后名为北井县、永昌郡、大宁监、大宁州、大宁县、巫溪县等。巫溪县系中国巫文化发源地之一,也是中国最早的井盐产地，有5000年的制盐历史。

1.全县民间手工技艺活动现状

根据实地调查采访，经梳理分析，对县境内生产性民间手工技艺项目进行了适当的归类整理，最后确定为建造技艺、金属工艺、编织扎制、工艺美术、织染缝纫、农畜产品加工、烧造、造纸印刷、其他等共9大类41个项目。

巫溪县民间手工技艺项目地域分布表

民间手工技艺项目		该项目历史上普遍存在的乡镇	目前还在开展活动的地方	特色优势乡镇
建造技艺	木作	全县各乡镇	全县各乡镇	
	石作	全县各乡镇(除尖山外)	城厢、凤凰、峰灵、文峰、塘坊、朝阳、白鹿、田坝、天元等	城厢、凤凰
	瓦作	全县绝大多数乡镇(除乌龙、中岗等外)	全县绝大多数乡镇(除乌龙、中岗等外)	县城城区、凤凰、城厢、菱角
	漆作	全县绝大多数乡镇(除大河、蒲莲、塘坊、朝阳外)	县城城区、城厢、凤凰、菱角、宁厂、天星、长桂、上磺、古路、峰灵、文峰、徐家、白鹿、鱼鳞、尖山、田坝、中岗、通城、双阳、花台、兰英、中梁、土城、天元等	
	土作	全县绝大多数乡镇	无	
金属工艺	铁作	全县绝大多数乡镇	县城城区、凤凰、菱角、宁厂、大河、长桂、上磺、古路、峰灵、蒲莲、塘坊、朝阳、徐家、白鹿、乌龙、尖山、中岗、通城、下堡、中梁、土城、天元等	县城城区、宁厂
	金作	县城城区、朝阳	县城城区	
	银作	花台、中梁	无	
	铜作	县城城区、凤凰、尖山、中梁、土城	无	

续表

民间手工技艺项目		该项目历史上普遍存在的乡镇	目前还在开展活动的地方	特色优势乡镇
编织扎制	竹编	全县各乡镇	城厢、凤凰、胜利、菱角、宁厂、大河、天星、长桂、上磺、古路、峰灵、文峰、塘坊、朝阳、徐家、白鹿、乌龙、尖山、田坝、通城、双阳、花台、兰英、下堡、中梁、土城、天元等	凤凰、城厢、长桂、尖山
	草编	全县各乡镇	县城城区、宁厂、塘坊、天元、上磺、兰英等	
	棕编	城厢、菱角、宁厂、天星、长桂、上磺、古路、峰灵、蒲莲、塘坊、朝阳、徐家、乌龙、尖山、田坝、中岗、通城、双阳、花台、兰英、下堡、中梁、土城、天元	天星、长桂、蒲莲等	
	藤编	天星、鱼鳞、双阳、下堡、土城、天元	鱼鳞	鱼鳞
	麻编	古路	无	
	扎花	全县绝大多数乡镇	县城城区、城厢、凤凰、胜利、菱角、天星、长桂、古路、峰灵、蒲莲、徐家、白鹿、尖山、田坝、通城、双阳、花台、中梁等	
工艺美术	剪纸	全县大多数乡镇	县城城区、凤凰、古路等	
	刺绣	全县各乡镇(街道)	全县各乡镇(街道)	县城城区、长桂
	木雕	县城城区、胜利、宁厂、上磺、蒲莲、文峰、徐家、通城、花台、下堡	县城城区、文峰、徐家、通城等	县城城区、文峰
	石雕	县城城区、宁厂、通城等部分乡镇,以前县城城区有古生物化石雕刻厂	县城城区、宁厂、通城等	县城城区、通城
织染缝纫	缝纫	全县大多数乡镇	全县大多数乡镇	城区
	纺织	县城城区、上磺、蒲莲、花台、凤凰、下堡、天元	无	
	印染	县城城区、菱角、上磺、峰灵、蒲莲、朝阳、徐家	无	
	制革	宁厂、古路、峰灵、土城、中梁、天元	无	
	弹棉花	县城城区、凤凰、文峰、峰灵、朝阳、花台、兰英、下堡、上磺	县城城区、下堡、兰英等	
	做布鞋	全县各乡镇	县城城区、宁厂等	县城城区

续表

民间手工技艺项目		该项目历史上普遍存在的乡镇	目前还在开展活动的地方	特色优势乡镇
农畜产品加工	酿酒	全县各乡镇(街道)	全县各乡镇	文峰
	榨油	全县各乡镇基本上均有	无	
	制茶	城厢、胜利、菱角、宁厂、大河、天星、长桂、上磺、古路、峰灵、蒲莲、文峰、朝阳、徐家、乌龙、田坝、中岗、通城、双阳、花台、中梁、天元、土城	城厢、胜利、宁厂、天星、长桂、上磺、古路、峰灵、蒲莲、文峰、朝阳、田坝、中岗、通城、双阳、中梁、天元、土城等	峰灵
	制糖	全县大部分乡镇	县城城区、宁厂、上磺、徐家、中岗、花台等	县城城区
	腌制	全县各乡镇(街道)	全县各乡镇(街道)	
	调味品生产	县城城区、宁厂、大河	蒲莲	
烧造	制陶	峰灵、蒲莲、徐家、中梁	无	蒲莲
	制砖瓦	城厢、凤凰、胜利、菱角、宁厂、天星、上磺、蒲莲、文峰、朝阳、白鹿、徐家、鱼鳞、尖山、田坝、通城、双阳、花台、中梁、土城、天元	无	
	烧石灰	宁厂、城厢、凤凰、胜利、菱角、长桂、上磺、鱼鳞、田坝、通城、双阳、花台、下堡	无	
造纸印刷	造纸	菱角、宁厂、天星、上磺、古路、蒲莲、白鹿、徐家、双阳、兰英、下堡、中梁	宁厂、蒲莲等	宁厂
	印刷	县城城区、古路	无	
	装裱	县城城区、宁厂、上磺	县城城区等	县城城区
其他	制盐	宁厂、田坝、鱼鳞	无	宁厂、田坝
	火药、爆竹制作	古路、上磺、胜利、菱角、峰灵、蒲莲、朝阳、白鹿、尖山、通城、双阳、兰英、中梁、土城	无	古路
	造船	宁河街道、宁厂、大河	无	宁厂
	厨艺	县城城区、宁厂等经济发达地区	经济发达的城镇地区	县城城区

调查发现,全县城乡民间手工技艺尚处于经营状况或有零星活动的项目有瓦作、木作、竹编、缝纫、造纸、剪纸、刺绣、酿酒、制茶等26个项目,其中,已走上产业化发展道路的有刺绣、腌制、调味品生产、制茶等4项,处于市场化正常经营的有瓦作、酿酒、制糖、厨艺4项,处于艰难经营境地的有铁作、木作、漆作、缝纫、造纸、藤编等6项,处于零星经营的有石作、金作、竹编、草编、棕编、扎花、做布

鞋、装裱等8项,濒临绝迹的有剪纸、木雕、石雕、弹棉花等4项。未开展任何活动但还有传承人的有土作、制革、传统榨油、制陶、制砖瓦、烧石灰、制盐、造船、火药(爆竹制作)等9项,完全消失(既无活动又无传承人)的有银作、铜作、麻编、纺织、印染、印刷等6项。

首先,从类别上看,自改革开放以来,建造技艺比较活跃,这得益于建筑产业的高速发展。20世纪70年代末至80年代初,广大农村兴起了修建土坯房的热潮,因而土作技艺(打土墙)十分活跃。但90年代后,由于现代建筑材料和技术的普及,农民不再新建土坯房,土作技艺失去市场。20世纪80年代初开始,全县城镇普遍修建了砖混结构(部分砖木结构)住宅,机关单位、企业也大量新建、改建办公、生产、营业用房,因此全县城乡瓦作活动相当活跃,相应的木质门窗、家具制作数量巨大,传统木作技艺也十分活跃;石作(打制石料、石碑、石磨等)、漆作也比较活跃。90年代中后期以来,政府大力推进城镇化,旧城改造、新城建设、新农村建设,巨量的基础设施、商品房建设和家庭装潢,促进了瓦作、木作(装修)进一步活跃。但近几年来,随着建筑业的饱和,瓦作、木作技艺活跃程度有所下降,部分技工外出改行,从业者数量有所减少,尤其年轻人不愿从事瓦作、木作,使该手工技艺陷于青黄不接的状况。目前,县内活动的瓦作技工估计约有六七百人,主要集中在县城城区、城厢镇、凤凰镇、菱角镇等地;木作技工三四百人(且部分已改行),分布于各乡镇;传统漆作业务量不断缩小(主要漆棺材),技工数十人,大部分乡镇均有;石作仅有点零星业务,技工数十人,主要分布在县城周边乡镇,年龄基本上在五六十岁以上,且后继无人;农村土作技工数百人,全部没有业务活动,技艺传承完全终止。

县内金属工艺包括铁作(铁匠)、铜作(铜匠)、金作(金匠)、银作(银匠),另外还有补锅、铸造、白铁等(未纳入本次调查统计)。改革开放至20世纪90年代初,铁作活动十分活跃,每个乡镇都有铁匠铺,几乎每个村落都有铁匠经营,宁厂镇还组建有双河铁业社(乡镇企业),生意十分红火。铁作产品主要有小型农具、各类工具、家用铁器、建筑脚手架爪钉、造船铁钉等。随着大批农民工进城、进厂务工,农业劳动力大量减少,加之农业机械的逐渐普及,对铁制小农具的需求大为减少;家用铁器由于灶具更新和为现代工业制品所替代而逐步被市场淘汰,建筑用爪钉、木船用铁钉等也失去了市场,致使铁作业务市场急剧萎缩,铁匠铺大量倒闭。金作、银作、铜作、补锅、铸造、白铁等在20世纪八九十年代以前还有不少经营者,各艺(匠)人在城乡走街串户为民服务。目前,全县约三分之二的乡镇尚存一至数家铁匠铺艰难维持经营(或零星经营),铁作技工不足百人。银作、铜作、补锅、铸造县境内已经基本绝迹;金作、白铁只有县城尚存数家勉强维持经营。

编织扎制类包括竹编、草编、棕编、藤编、麻编和扎花。产品主要为生活用品,有竹背篼、竹席、斗笠、撮箕、筲箕、竹篮、竹筐、竹筛,草鞋、草帽、草垫,棕垫、棕绳、蓑衣等。20世纪80年代以前,竹编、草编、棕编均非常普遍,尤其编草鞋,农村男子基本都会,多自编自用。其经营者绝大部分为个体经营户,少数为乡镇(或社队)集体企业。90年代后,随着工业品的普及,大部分竹编、草编、棕编制品逐渐被淘汰,竹编生产大为减少,草编、棕编活动基本停止。前几年天星乡曾大力发展竹编产业,收效不大。目前，大部分乡镇均有少量竹编艺人在零星经营。赵家坝、宁厂等地有少数草编活动，编织草鞋。藤编以前主要集中于天星、鱼鳞、双阳、下堡、土城、天元等乡镇，2000年以来只有鱼鳞乡还有数家经营，目前，也仅存1家。80年代及以前，扎花在县城和宁厂、上磺等部分经济发达场镇较常见，产品有纸花、灯笼（花灯）、龙（狮）头、彩船、花圈等，技艺较为精湛。目前，只是用半成品扎制简易花圈、灵屋等丧葬祭品，城乡均普遍存在，没什么技术、艺术价值。

工艺美术有剪纸、刺绣、木雕、石雕4项。20世纪七八十年代以前，剪纸、刺绣在城乡均很普遍。剪纸作品主要有窗花、喜字、鞋样等，形式单一，内容、构图和技法均很简单。目前，民间剪纸基本绝迹，只在部分学校有美术教师零星开展剪纸活动。传统刺绣产品主要有绣花鞋、袜底板（鞋垫）、花巾、花帽、抱裙、被面、罩帘等，构图原始、简单，风格淳朴。目前传统刺绣只在少数学校开展传承活动，在民间只有扎袜底板较为普遍，图案和技法简单，毫无特色，一般自用或赠送亲友。在老城广场集中了一批中老年妇女从事扎袜底板经营活动，勉强能维持生计。唐丽娟挖掘改良的“大宁河”刺绣被确定为市级非遗项目，并基本实现了产业化。另外，前几年现代“十字绣”在城乡十分活跃，目前也不太景气。民国及以前，木雕、石雕在部分地区较为活跃，技师多为外来人员。木雕主要雕刻花窗、柱头等建筑雕饰，以及观音菩萨、山神、财神等神像；石雕主要雕刻柱础、石狮、坟头装饰等，技术含量高的人物雕塑、装饰摆件、挂件等很少。20世纪六七十年代，通城石雕艺人徐世清技艺精湛，能雕刻出形态各异的石狮、石虎、罗汉，以及呈现犀牛望月、五龙捧圣等民间传说故事的石雕作品，具有汉唐风格特色，曾被四川省选送北京参展。改革开放以来民间木雕、石雕较为少见。县里曾组织开发过古生物化石雕刻，但厂子很快倒闭。目前，只有少数几个乡镇零星开展传统木雕活动，有技师数名。产业化经营的有两家木梳厂，年产值数百万元，从业人员共二三十人。传统石雕活动基本绝迹，只存个别民间技师。

在织染缝纫类中，20世纪80年代以前，缝纫遍布全县城乡，主要集中于县城城区和宁厂古镇，经营状况均不错。自80年代后期以来，随着成衣制品逐步占领市场，以及人们穿着喜好的改变，缝纫业务迅速减少，缝纫店大量关闭。进入21世纪后，虽然县城及大部分乡镇还存有极少数缝纫从业者，但多是零星经营，以缝缝补补为主。近些年来，县城有一两家裁缝店可定做一些简单的中式运动装、表演服、羽绒服以及寿衣等。手工纺织、印染在新中国成立后基本就不存在了。20世纪80年代以前，土城、宁厂、古路等少数乡镇还有零星制革经营，之后也基本消失。20世纪90年代前，弹棉花还普遍存在于城乡各地，目前基本消失，少数改为机械操作。做布鞋以前普遍存在，那时男女老幼均穿布鞋，城乡妇女几乎都会做。改革开放后，皮鞋、运动鞋、休闲鞋占领市场，做布鞋的活动大为减少。近些年来，手工布鞋有一定回归，宁厂镇曾扶持过手工布鞋产业，实行统购统销，并注册了商标，但未发展起来。老城广场有七八位中老年妇女做布鞋出售，可勉强维持生计。

在农畜产品加工中，酿酒是市场化“活态”传承最好的民间手工技艺，历史悠久，遍布全县城乡。目前，所有的乡镇超过四分之三的行政村都有酿酒作坊，有的村还有数家酒坊，全县酿酒技师数百人，且大都能正常经营，少数几家走上产业化道路，还注册了“巫酒”“五谷香”等商标。20世纪70年代及以前，传统榨油各乡镇均有，80年代后逐步被淘汰，目前没有一家传统榨油作坊，部分乡镇只有少数机器榨油在经营。手工制茶一直以来较为普遍，超过80%的乡镇有制茶经营历史，目前，尚有10多个乡镇民间存在零星经营，也有数家产业化经营的企业。制糖包括熬制苕麻糖、苞谷糖和制作杂糖（芝麻糖、米花糖等），分布于全县大部分乡镇。目前，很少有人熬制苕麻糖、苞谷糖；杂糖作坊在县城城区和上磺、徐家等部分乡镇有数家，基本能维持经营。腌制（腌腊肉、香肠等）全县城乡均存在，也很活跃，技术简单，几乎家家户户都会。目前，出于保护环境的考量，县城城区禁止民间熏制腊肉、香肠，乡镇则不受限制，仍很活跃，还有几家腌制品企业，但规模不大。调味品生产（酱油、醋）不多见，以前主要集中于县城和少数几个乡镇，民国时期宁厂镇的“黄醋客”十分有名。目前，只有蒲莲镇有1家胡豆瓣生产企业在规模化经营。

烧造。20世纪80年代及以前很普遍，其中制砖瓦、烧石灰大部分乡镇均有，主要集中于县城周边和宁厂、上磺、凤凰等重要乡镇。后来随着现代建筑材料的普及，砖窑、石灰窑逐步关闭。制陶只存在于蒲莲、峰灵等少数几个乡镇，20世纪80年代及以前还很红火，有技工数十人，90年代后全部停止。目前，烧造业在全县城乡均属禁止行业，只有为数不多的老人掌握该技术，但技术传承已终止。

造纸印刷。20世纪80年代以前，将近一半的乡镇有造纸作坊，主要集中于大宁河流域，采用蔡伦式技法生产“火纸”。由于技术落后，污染严重，后逐步被淘汰。目前，仅个别人在偷偷经营。传统雕版印刷只在县城城区和古路出现过，现已绝迹。县城城区、宁厂、上磺以前有过装裱作坊，目前仅县城有1家装裱店勉强经营。

其他民间手工技艺。宁厂古镇有5000年的制盐历史，新中国成立后，又有田坝盐厂建成投产，宁厂、田坝两地均采用塔炉灶制盐工艺，至20世纪90年代末，两地的盐厂均被关闭。目前尚有传统制盐技术工人200多人，年龄均在50岁以上，技术传承终止。火药及烟花爆竹制作在20世纪80年代及以前较为普遍，全县50%的乡镇均有烟花爆竹作坊，主要分布于上磺片区，群众基础好。目前被列入禁止行业，无一处经营，技术传承终止。造船技艺存在于大宁河流域的大河、宁厂、县城几处，从业者（水木匠）数十人，20世纪70年代中期大宁河沿岸通公路后，船运业萎缩导致造船业衰败，至90年代造船活动基本停止。目前，只有数名60岁以上的造船技师零星经营，技艺传承终止。厨艺，以前主要分布于县城、宁厂等经济发达地区，目前县城城区及经济发达的乡镇从业者众多。特色风味菜肴和小吃制作技法丰富多彩，文化底蕴深厚，其中，巫溪烤鱼制作技艺被列入重庆市非遗项目。

其次，从民间手工技艺地域分布上看，历史上县城及城郊、宁厂、凤凰、菱角、上磺、白鹿、徐家、土城等乡镇较为活跃。调查期间，县城城区、宁厂、上磺、通城等地民间手工技艺相对较为活跃。

2.主要手工技艺与手工产业发展历程

制盐技艺：宁厂盐泉的发现，开启了古代井盐生产。最初，先民将石头烧热，再把盐卤浇到石块上，蒸发掉水分后获取食盐。陶器出现后，用小陶罐或尖角杯煮盐，实现了第一次技术革命。秦汉时期连体灶的出现，表明第二次制盐技术革命的来到，每灶可放置数口敞口大陶釜同时煮盐，大大提高了产能。之后，铁牢盆（平底盆形大铁锅）广泛应用，进一步提高了制盐的效率。隋唐至明代，制盐技术无根本性突破。至清代，“烧垄法”制盐技术的发明和应用，实现了第三次制盐技术革命，进一步提高了食盐的产量和质量。道光年间大规模开采煤炭后，解决了柴薪短缺问题，大量炭灶作坊兴起，促进了制盐工艺、工法的进步，大幅提高了产能、效率。民国至新中国初期，在“烧垄法”基础上经过改进，先后推广了“烧田法”、田塔灶和塔炉灶制盐技术，生产效率不断提高，尤其是盐的品质大幅改善。塔炉灶技术一直持续运用到20世纪90年代宁厂盐厂关闭为止。

建造技艺：远古时期先民构木为巢，出现了原始木作技艺，以砍、削、捆扎为主。经过夏商周三朝，宁厂盐业不断发展，人口聚集，干栏式建筑的大量兴建，促进了木作、石作等建造技术的发展。秦汉时期，修建了大宁河输卤栈道，在绝壁上开凿了上万个规整的石孔，并铺设100公里输卤笕管，可见当时的石作、木作技艺达到了惊人的水平。宋代大宁监城十分繁华，修建了龙华院、七曲庙、凝香堂、绝云楼、芳菲馆、凤山白塔等，皆成当时名胜，木作、石作、瓦作、漆作等建造技艺达到一定的高度。清代中后期，版筑墙技术、封火墙技术等相继传入巫溪，城乡各地大量兴建了土坯房和青砖黛瓦的徽派建筑，土作技艺得到广泛应用，瓦作技术也进一步提高。民国三十六年（1947），全县有木匠1280人，占手工业从业者的四分之一。新中国成立初期，乱石墙砌筑技艺得到广泛应用，前进桥、西门车站、大礼堂等大空间、大跨度石木结构公共建筑的兴建，使得传统瓦作、石作技艺达到了炉火纯青的地步。

竹编：远古时期，巫溪境内巴人已经掌握了用竹篾、青藤编织渔网、鱼篓的技术。战国时期，竹编技术已十分成熟，这可从南门湾1号岩棺里的竹席残片得到印证。民国时期，竹编产品有盐包、凉席、撮箕、竹椅、箩筐、背篼等100多个品种，编织技法有粗（细）编、疏（密）编、正（斜）编、交叉编、图案编、套花编，以及锁边、收尾等，技艺日趋成熟。

手工制茶：清初已成规模，乾隆《大宁县志》载“额销茶引一十三张”。光绪《大宁县志》载，咸丰年间，“加派茶腹引五十张，随引照票五张”，摊派给茶山坝、河东、河西、犀牛河、万春河、湾滩河等地茶户，可见茶叶产业发展迅速，制茶技艺更加普及。据李氏家谱记载，光绪年间，蒲莲李氏先祖开创了老鹰茶独特的手工制作工艺，传承至今已有百余年。

造纸：巫溪乃中国巫文化发源地之一，历代巫风盛行。举办丧事以及春节、清明、七月半，民间有烧福纸祭奠亡人、先人的习俗，对土纸需求量大，故传统造纸技艺古已有之。至清代已较为普遍，清乾隆《大宁县志》已将土纸（草纸）列为重要物产。清末，梯子口有3家土纸作坊以毛竹为原料，采用“蔡伦式”造纸工艺，年产土纸100担。至民国末期，全县有纸厂14家，工匠56人。

造船技艺：巫溪的造船技艺可追溯至先秦时期的巴人部落。秦汉以来，巫溪盐业得到较快发展，宋设大宁监，岁产食盐400余万斤，80%依靠大宁河木船运往外地，巨大的运输需求促进了造船工艺的进一步成熟，所造“鹅儿船”载重达2000～3000斤，能航行于大宁河及长江三峡以运输食盐等物资。至清代嘉庆年间，湖南辰州（今湖南辰溪）人杨师傅逃避战乱来到宁厂，带来了老家“辰驳子”木船建造技艺，并结合大宁河航道特点，对“辰驳子”做了稍许改造，因吃水浅，轻巧灵活，驾驶方便，迅速得到推广应用。进入民国后，大宁河沿岸宁厂、双河、大河、县城等地渐渐发展成为造船基地，造船技师上百人，并将“辰驳子”制造技艺带到了湖北竹山、竹溪、房县等地。

二、民间手工技艺和手工产业存在的问题和原因

（一）主要问题

1. 民间手工技艺普遍衰落，部分濒临灭绝，或者已经灭绝

目前，已经消失的手工技艺有15项，占列入调查的41个项目的36.6%；濒临绝迹的有4项，占9.8%；尚在艰难经营和零星经营的有14项，占34.1%；走上产业化道路或正常经营的有8项，占19.5%。所有尚存的手工技艺，其活动的广泛性、频次和影响力都日趋式微。

2. 民间手工技艺传承后继乏人

民间手工技艺主要通过父子关系、师徒关系、社会族群在代际传承，少部分由学校、培训机构进行传承。目前，造船、制陶、制盐等绝大多数手工技艺已停止代际传承，随着老技师亡故，这些技艺将彻底消失。少数工艺美术类（刺绣、剪纸）项目在部分学校开展了普及性传承活动。

3. 民间手工技艺生存环境恶化，市场空间日益狭小

民间手工技艺存续所依赖的传统生产、生活方式，传统社会形态、思想观念和审美情趣，日益被现代社会所淘汰，现代技术和工业品对市场空间的全面占领导致民间手工产业生存空间越来越狭窄。

4. 民间手工技艺产业化举步维艰

近二三十年来，瓦作、制茶、腌制、酿酒、手工杂糖、刺绣、竹编等民间技艺也曾尝试过产业化发展。其中，少数乡镇还曾扶持过竹编、藤编、扎袜底板、做布鞋等手工产业，最后均告失败。

5. 对民间手工技艺重视不够，保护不力

地方政府和社会普遍对民间手工技艺不够重视，有的甚至认为手工技艺是落后的应该淘汰的技术。近年来，虽然文化部门因职责所在，开始对民间手工技艺进行保护，将剪纸、石雕、大宁河刺绣等14项传统技艺列入市、县级“非遗”保护名录，但大都只停留在宣传、建档和编制保护规划之上，民间手工技艺存续状况并未得到实质性改观。

（二）主要原因

首先，现代技术和机器化大生产，大幅提高了劳动生产率，降低了能源、劳动力消耗，提高了产品性能，压缩了成本，因而具有巨大的市场竞争力。而传统手工生产效率低下，逐渐被市场淘汰，如手

工纺织被机器纺织所取代，电动机械雕刻替代了手工雕刻。

其次，现代生活、消费内容和方式的改变或升级换代，使部分传统手工技艺失去了市场，如：以前自购衣料请裁缝做衣服，现在直接购买成衣。而传统手工技艺本身也存在墨守成规、缺乏创新等问题，远远跟不上时代的变化和不断升级换代的市场需求。

再次，部分传统手工产业污染严重，有的甚至具有重大安全隐患，被政策禁止或限制，如：传统印染、造纸、制陶、烧石灰、烟花爆竹生产等。

最后，社会的发展，使人们的审美情趣、生活习俗也发生了很大的变化，相应地，一些跟不上社会发展的民间技艺就失去了其生存的土壤。

三、大力保护与传承民间手工技艺

（一）全社会要重视民间手工技艺的保护和传承

1. 手工技艺具有较高的历史文化价值、经济技术价值和独特的艺术价值

首先，民间手工技艺是劳动人民在长期的生产、生活实践中创造的，纯手工或使用简单工具生产制作劳动工具、生活用品和装饰物品的技术工艺。民间手工技艺门类繁多，具有独特的地方风格，大多数是在某个地区形成，且大多采用当地丰富易得的自然资源，就地取材加工，以师徒相传、父子相传甚至世代家传的形式，扎根于乡土生活之中，反映了人民群众的生产、生活、风俗习惯等。所以它沉淀着丰富的历史记忆，是中华民族文化基因的特色符号。每一项手工技艺都是中华文化的瑰宝，是中国历史文化不可或缺的部分，也是非物质文化遗产的重要组成部分，具有重要的历史文化价值。

其次，古代社会所有的物质产品和文化艺术品，均是由手工技艺所生产、制造，经济实用性是手工技艺的第一要务。手工技艺的门类决定了物质产品的门类，手工技艺的高低决定了产品的质量和价值，进而决定了整个社会劳动生产力和经济发展水平。故此，在古代社会，民间手工技艺创造了巨大的物质财富。即便到了当代社会，现代技术基本上取代了传统手工技艺，但在一些领域，手工技艺仍然占据一席之地，承担着机器设备不能胜任的工作，继续创造着社会财富。所以，民间手工技艺具有一定的经济技术价值。

再次，民间手工技艺注重产品的美观性、装饰性，往往将产品的实用功能与审美要求结合在一起，从而起到美化生活的作用。尤其手工艺品，如：剪纸、雕刻、泥塑、版画、扎花、蜡染等，更是艺术内涵的展示。其扎根乡土民间，在风格特征上与文人艺术（或学院派艺术）有着巨大的差异，具有粗犷、拙朴、亲切、自然的艺术特色和浓郁的生活气息。此外，民间手工技艺注重整体效果，构图简洁、均衡、协调，线条流畅，韵律感强；色彩单纯、明快、对比强烈；多运用夸张、变形等艺术手法，具有较强的装饰性。故此，民间手工技艺又具有独特的艺术价值。

2.应重视民间手工技艺,将其列入文化和相关工作的重要内容和任务之中

民间手工技艺沉淀着民族文化基因,是中华文化的瑰宝,理应不断将其传承下去,并发扬光大。对于民间手工技艺受现代技术的巨大冲击而陷于困难的状况,要加以重视,加强危机感、紧迫感。摒弃民间手工技艺"落后论""淘汰论",纠正"手工技艺可有可无"和任其自生自灭的错误思想。相关部门机构及广大群众,应各自肩负起应尽的历史责任,努力做好民间手工技艺的保护与传承工作,充分发挥其经济和文化价值,为社会发展服务。

建议政府及相关部门加大对民间手工技艺的保护、传承力度,将民间手工技艺的保护传承、开发利用工作,纳入各部门相关工作的重要内容和任务之中。各宣传文化机构、新闻媒体要加大宣传力度,普及民间手工技艺知识,提高全社会的保护意识。各文化保护机构、民间文化艺术团体和广大文化工作者,尤其是民间技艺的从业者、传承者,要切实担负起保护传承的主体责任,深入挖掘民间手工技艺历史、技术资料,开展学术研讨和交流,积极开展民间手工技艺生产经营活动和传承活动,尽最大努力使其不失传。农业和扶贫部门,应加大对民间手工技艺的扶持力度,将其作为特色产业予以发展,延伸产业链条,盘活农村资源,吸纳农民就业,增加农户收入,使其成为帮助巫溪农村脱贫的重要手段。可结合乡镇实际条件遴选项目,加强从业人员技术培训,支持技艺创新,培育产业组织,扶持其产业化发展。

3.为民间手工技艺营造良好的生存环境和发展空间

建议巫溪县文化和相关行业主管部门尽快完成《民间手工技艺保护与传承规划》《传统手工产业化发展规划》的编修,用于指导民间手工技艺的保护、传承与开发利用工作。加大对手工技艺保护和手工产业发展的政策扶持力度,出台相关的技术、环保、质检、税收、社保、信贷、市场准入、奖励补助等优惠政策,消除其生存、传承和发展的政策盲点、法律盲点、机制盲点;加大对其市场的引导、疏解力度,划定保障其生存的最低市场空间边界,在该范围内,适度限制现代技术或外地同类产品的竞争行为,引导、鼓励民众消费本地手工产品,化解其市场阻梗;加大对手工技艺保护和手工产业发展的财政资金投入和产业投资,用于支持民间组织承担或参与手工技艺保护项目(课题),扶持专业的项目策划、技术改良、市场营销机构,为其提供产业链和孵化器的全域支撑服务,提升质量和市场占有率。广大群众要多多消费民间手工产品,以提高其使用率和现实存在感。

(二)分类保护,活态传承

由于民间手工技艺门类繁多,要根据其类别、性质、特征,尤其是目前的存续状况,分类进行保护和传承。对于已经消亡或处于濒危境地,且已丧失经济价值,无法或不易开展传承活动的民间手工技艺项目,如土作、棕编、麻编、纺织、印染等,采取"博物馆式"的保护,努力挖掘、整理其工艺、技术、技法资料,并将其录入档案资料库永久保存。同时,对外展示展览,供居民、学生、游客学习了解。对于濒危或存续困难,但仍具备一定的经济价值和审美价值的项目,如剪纸、传统榨油、弹棉花等,在技术资料整理完成并存档后,可采取政府补贴的半市场化经营的方式开展表演、展示(演)和授徒续艺传承活动。这类技艺中适合学生心理特征，简单易于操作的项目，如剪纸、刺绣、扎花等，可结合学校相关课程（美术、劳动），开展学校教学传承活动。对于经营困难，又有一定市场需求的项目，如石作、铁作、竹编、草编、藤编、制陶、造船等，可遴选少数代表性的经营者（传承者），采取政府补贴的方式帮助其开展日常经营活动。经营不太景气，但具备较强地方特色和一定的市场潜力或具有重大历史文化价值的项目，如酿酒、制盐、调味品、制茶、木雕等，应走政府扶持小规模产业化发展道路。污染较严重或存在安全生产风险但具有一定市场空间的项目，如烟花爆竹、烧砖瓦、熏制腊肉等，由政府规划指定地域，在达到环保、安全要求的前提下，可恢复几家经营户的生产经营活动。对有较大市场需求的劳务性手工技艺，如瓦作、木作、厨艺等，应加强技术培训、就业指导，树立技术品牌，提升组织化程度。

"活态"传承就是要尽可能创造条件，维护、拓展民间手工技艺生存发展的现实生活空间、市场空间。传承重在"承"，即接续其"香火"，使之后继有人，代代相传。博物馆展示、文字（图片）记载等方式，只起到了"传"的作用，而没有"承"的功效，只是保护了手工技艺的"僵尸"，而不能在现实社会中延续其生命。因而应尽量采取"活态"保护方式，即在日常生产、生活中继续予以应用，在技术市场上保留一定的份额；从业者基本能"以技立身"，维持个人或家庭生计；其产品能占据一定的销售市场，拥有一定数量的稳固的消费群体；能够招徒授艺，使技艺在代际流传接续，延续传承谱系。

（三）文旅融合，设立手工产业园区和手工技艺坊区

巫溪自然与人文旅游资源较为丰富，旅游产业被确定为巫溪未来的发展方向。一方面，民间手工产业能充实旅游产业内容，丰富旅游文化内涵；另一方面，旅游经济可以扩大手工产业的市场容量和生存空间。二者结合相得益彰，能实现良性互动，共生发展。

为打造特色人文旅游景区，促进民间手工产业化发展，形成产业聚集效益和宣传亮点，扩大影响力和品牌效应，也为便于相关部门集中管理和配套服务，降低经营成本和风险，建议在有手工产业基础、文化底蕴深厚，且以发展旅游产业为主的地方，设立手工产业园区或手工技艺坊区（聚集区）。

在宁厂古镇设立民间手工产业园区。宁厂古镇系国家级历史文化名镇，对其文化保护与合理开发利用应以大力发展传统手工产业为主要内容。故此，可在宁厂古镇设立市级传统（民间）手工产业园区，施行优惠扶持政策措施，促进其产业聚集、文化保护、旅游发展，从而最终实现宁厂古镇的全面复兴。同时，也可实现对民间手工技艺的活态保护与传承。具体可恢复发展手工制盐（核心）、传统食品加工（重点，如酿酒、调味品生产、腌制、制糖等）、烧陶、编织、石雕、木雕、造纸、造船，以及石作、瓦作、木作等古建筑维修产业。

在大宁古城设立民间手工技艺坊区（匠人坊）。大宁古城有上千年历史，曾经是全县政治、传统工业、商贸、文化中心，基础设施完备、文化底蕴深厚，也是巫溪旅游发展的重点地区，且具有较好的手工产业基础，聚集了较多的手工匠人。近年来，因县政府机关单位全部迁走，导致产业空心化，古城日渐衰败。建议在人民街设立民间手工技艺坊区(匠人坊),将其打造成旅游民俗风情一条街,既可恢复古城的活力和生机,又能带动旅游产业的发展,实现民间手工技艺的活态保护与传承。具体包括手工产品加工销售、厨艺和传统食品制作销售,以及部分非遗项目展示、土特产品销售、古玩字画交易等。

(四)扎根生活,培育市场

手工技艺源自生活,服务生活,但在千百年不变的生活中形成了惰性,不能适应当今快速变化的生活需求,被边缘化,甚至被淘汰。所以,民间技艺要更深入地扎根民间生活,感知生活的变化和需要,开发出有温度、有感情、有滋味、有情趣、有功效的产品,填补衣食住行的功能缺口,真正成为人们日常生活的一部分。手工技艺是寄生于手工产品之中的,如果手工产品被市场淘汰,手工技艺则无可依存,会自然消亡。目前,手工产品整体上无法与工业品抗衡,只能在细分市场、次级市场、边缘市场寻求立足的细小空隙。因此,要下大力气变被动适应市场为主动培育市场,利用各种文化宣传和市场营销手段,在全社会树立绿色、自然、环保的使用手工产品的生活态度和社会心理;大力培育喜爱民间手工产品的消费群体,重塑传统生活习俗,营造良好的消费氛围,激发消费心理和需求,从而扩大手工产品的市场占有率。

尊重产业自然属性,循序渐进。传统手工产业门类繁多,普遍规模小、投资少、技术门槛低、产业分散、市场组织化程度低、地域性强,一般适宜家庭作坊、小微企业经营,不适合大工厂经营。整个手工产业的发展也有一个探索试验、精心培育、积累经验、缓慢成长的过程,不能急于求成。尤其在发展的初始阶段,切忌一哄而上,盲目追求规模效益。

(五)接续师承谱系

在当下,大多数手工技艺由于市场空间狭窄,生存困难,甚至濒临灭绝,故年轻人不愿意学习继承,导致民间手工技艺传承后继乏人。欲破解该问题,关键在于大力拓展其市场空间,改善其生存境况,使从业者在现实生活中能以“技”立身,大有用武之地,使民间手工技艺成为“吸金”技艺,如此才能吸引大批青年投身进来,接续传承谱系,并青出于蓝,将民间手工技艺发扬光大。在民间手工技艺境况未显著改善之前,政府和有关机构应将其纳入“非遗”保护范围,加大对从业者(传承人)的培训力度和就业引导,设立行之有效的奖励(补助)政策和措施,强化从业者的历史责任感,培养其耐得住寂寞、甘守清贫的坚忍品格,帮助其渡过困难时期。

(六)突出地域特色,厚植文化底蕴,大力开发文创产品

地域特色是民间手工技艺的重要特征,反映了不同地域独特的民俗风情,沉淀着当地深厚的文化底蕴,寄托了人们的乡愁乡恋。所以,民间手工产品又是地域文化的载体,对民间手工产品的消费很大程度上其实就是对特色地方文化的消费。显著的地域特色,浓郁的民俗风情,纯正的民间风格、风味,是民间手工产品重要的价值所在,凸显这些价值,有助于提高产品价格、扩大销售份额、增强市场渗透力和影响力。

巫文化、盐文化、秦巴山地民俗文化系巫溪地方特色文化，历史悠久，影响广泛。将其植入民间手工产品，无疑会极大地丰富其文化底蕴，凸显其地域特色，提高其市场竞争力。

大力开发文创产品，将民间手工技艺转化为文创产品，是实现其经济与文化价值的重要途径，也是拓展其应用领域，活态保护，在现实生活中传承、延续其生命的重要方式。

参考文献：

[1]阎源清.大宁县志[M].抄本，1746.
[2]高维岳.大宁县志[M].刻本，1885.
[3]巫溪县盐厂.巫盐史志：巫溪县盐厂志[M].成都：四川美术出版社，2010.
[4]蔡成.地工开物：追踪中国民间传统手工艺[M].上海:上海三联书店，2007.
[5]华觉明，李绵璐.民间技艺[M].北京：中国社会出版社，2008.
[6]宫楚涵.剪纸[M].北京：中国文联出版社，2008.
[7]刘晓路.民间雕刻[M].北京：中国文联出版社，2009.
[8]王彦发.中国民间美术概论[M].郑州：海燕出版社，2012.

“夔乐”文化初探

田成才
（重庆市奉节县文化和旅游发展委员会）

重庆南岸涂山内环高速公路旁，矗立着一座塔，我去参观过，它名叫报恩塔。

劳动创造了人类，人类创造了音乐。地处三峡地区的奉节，古称夔州，从古代起，它就与音乐结有不解之缘。在三峡地区，科学考古先后发现了生活于200万年前的“巫山人”的化石和生活于13万年前的“奉节人”的化石等，并出土了大量石器，其中包括不少石制乐器。三峡地区的先民繁衍在大山大水的原始生态之中，日出而作，日落而息，常日与飞禽走兽为伍，每天聆听江河石击、风啸雷吼、鸟叫兽鸣之音，逐渐生发出夔乐的根与源。

一、夔的溯源

三峡地区有过夔州、夔门、夔峡、夔辖、夔子城、夔沱、瞻夔门等带“夔”字的地名。春秋时期有一受封的小国，名为夔子国，又称隗国或归国，地处楚国的西南，位于三峡核心区域。据史籍《通志・氏族略》中所记，夔子国在归州东二十里，故夔子城就是夔的发祥地。夔沱，是古夔子国的故址，国君称“子”。今秭归县香溪镇的古名就是“夔子城”，即夔子从巫山迁到秭归的驻地。《汉书・地理志》记载:“秭归，归乡，故归国。”故夔子国也叫归子国。夔峡（夔子峡），即瞿塘峡，为三峡之首。《夔州都督府记》载:“峡中之郡夔为大。当春秋为楚之国，在周曰鱼复，在汉称固陵，在蜀号巴东，皆郡也。梁为信州，逮我武德复夔之号，亦为州。”

夔峡横看是峡，竖看是门，因赤甲、白盐两山陡峭对峙，其状如门，故称夔门，历来有“夔门天下雄”之美称。其文化底蕴丰厚，出土的音乐文物有编钟、石哨、抚琴陶俑等，与音乐有关的自然风光有赤甲峰顶的三峡之巅天牛音符石坝，历史遗迹有古代音乐传人虞有爵的音乐石窟，还有复建的音祖后夔浮雕和四望乐坛等；奉节民间至今仍流传着巫舞、歌谣、踏碛和竹枝舞。综前所述，夔州和夔子城、夔门、夔峡等都是古地，是为“夔”的发祥地；在悠久的历史长河中，形成了“夔乐”文化。

二、乐正后夔

远古有后夔，民间传夔乐。后夔，人名，简称夔，相传为舜掌乐之官，是上古时期一个生活在荒野之地，具有音乐天赋的人。《吕氏春秋·察传》记载，孔子说夔出身平民，受到重黎举荐，舜授予他乐正之职。夔于是正“六律”，和“五音”，以通“八风”，使得天下归服。夔借自然之音发明了吹（箫哨）、打（石鼓）、弹（竹琴）、唱（呐喊）等，流传数千年。古籍中还有夔用音乐控制百兽的描写，《尚书》里面记载夔“击石拊石，百兽率舞”。关于夔，张衡《东京赋》中还有“伯夷起而相仪，后夔坐而为工”之记载。

后夔所作《大韶》（简称《韶》，又称《箫韶》，由九段组成，即所谓“箫韶九成”），连孔子也孔子赞叹“韶尽美矣，又尽善也”。这便是音乐之魂，夔乐之根。

夔州博物馆仿塑猿人吹哨

汉代抚琴陶俑

三、夔乐传承

音乐起源于远古时代，中国的原始音乐有中原音乐和四域音乐。中原音乐是指以黄河流域为中心发展起来的音乐。四域音乐是指中原音乐之外的中华各民族的音乐，如长江流域、珠江流域等的音乐，都属于四域音乐的范畴。在以三峡为核心的夔州领地，夔乐文化世代流传，在历史古迹、流行歌舞和出土的历代音乐文物等中均有反映。

奉节的夔州博物馆和诗城博物馆藏有古代音乐文物上百件，均为夔峡两岸出土。在永寿村、红星村、红安村、梅花村于1959年、1970年、1972年、1988年分别出土了3公斤、5公斤、6公斤、11公斤重的编钟，状如牛铃子，专家鉴定系战国时期产物；夔门附近出土有战国时期的铜钲、青铜甬钟、编钟和东汉的抚琴陶俑、听琴俑、陶舞俑、击鼓俑等（均存夔州博物馆）。这些文物对研究音乐和夔乐的发展具有很高的价值。

三峡地区留下了许多夔乐文化的痕迹，如兴隆洞遗址（石哨）等。《奉节县志》载：“虞公洞位于白帝乡石庙村东南5公里，南临长江，北依赤甲山，为明天启元年（1621）夔州知府虞有爵归隐之所。造像分布在长15米、宽6米，高5米的岩壁上。有虞有爵线刻抚琴像两幅，左边造像高1米，宽0.3米，右边造像高1.4米，宽0.4米，造像下有虞家神牌位一幅，在右边造像旁有其子镌刻的‘虞公洞’字样。保存较好。”该石窟在三峡之巅的岩壁上，具有较高的夔乐考古价值。

战国时期的铜钲、青铜甬钟

民间歌舞使夔乐文化在三峡地区得以流传，至今还在奉节、巫山、巴东、秭归、鄂州等地流行古老的民间歌舞，比较典型的有巫舞、踏碛和竹枝舞。王国维《宋元戏曲史》说：“歌舞之兴，其始于古之巫乎?”西周时统治者用于祭祀大典等活动的音乐，是雅乐的先河，距今有两千年多的历史。当今三峡地区民间祭祀活动中流传的音乐，也许还存有远古的余音。巫舞、踏碛和竹枝舞是奉节今天仍广为流传的民间歌舞，巫舞、踏碛和竹枝舞饱含着古老的夔乐韵味。

三峡之巅夔字门

音乐鼻祖后夔雕像

现在，对历史文化的开发与保护推动了夔乐文化在三峡地区的传承发展。目前奉节深入挖掘夔乐文化的内涵，复建了石坝雕塑和四望乐坛，新建了夔鼓广场和夔字门，以音乐为其内涵之一，打造了全新的文化旅游，传承和发扬了夔乐文化。

渝东南土家族丧葬习俗浅释

费国容
（重庆市万盛经开区地方志编修中心）

渝东南是重庆市唯一集中连片、全国为数不多的以土家族和苗族为主的少数民族聚居区，这里山川秀美、民族风情浓郁，有独特的丧葬文化。古人以“绕尸而歌”的方式悼念亡人，渝东南土家族人通过“唱孝歌”活动缅怀逝去的亲人。据清《石砫厅志》载“死亡不从凶而从吉，家家燕乐闹丧”。①又有《秀山县志·礼志》载：“至于山野小户，则村氓竖击鼓为氓歌，此并失礼之。”② 孝歌仪式作为土家族传统丧俗的重要组成部分，广泛流传于渝东南的黔江、石柱、酉阳、秀山、彭水等地。

一、渝东南土家族丧葬流程

渝东南土家族丧葬有非常严密的丧葬流程，各个区县形式有所不同，据彭水县《陶志》（即陶文彬《彭水县志》）载：“丧事无停柩于室者，成服后即营葬。事将发，引鸣锣以招其亲邻族姓，曰伴夜送殡。返，供灵座于室，或一年或三年，虔修佛事，以除灵，丧事始毕”③。《陶志》又云：“民间亲老而贫无力者，集高年数人为老人社会。每一老人先故，各助布帛等物以济用，他日其子孙即以前助者报之，共襄丧事”④。秀山“大小敛毕，男女始擗踊举哀，置灵座，焚楮币，停柩于堂。择吉设奠，讣告亲友。至期，有朝暮奠、题主等礼，亲友亦以牲牢、酒醴致奠。出殡之日，择有德望者代祭舆神、河伯，所送明器，陈于殡前。既葬反哭，奉主置灵座内，朝夕奉祀惟谨，三年礼始杀”⑤。《酉阳直隶州总志》载：“初卒，焚纸锭，设灵，棺敛，每七日必招僧道诵经，谓之念七。将葬，讣告亲友，先期设祭，谓之开奠。至期，朝暮奠哭无时，亲友亦持楮币，或酒盒猪羊致祭。既葬，虞祭、除灵，或三年后始除”⑥。黔江“小敛大敛，悉遵古制，没后多演行文公家礼，一二日便葬，无久停者，地用吉壤，亦不苛择半眠”⑦。据以上记载和相关资料，渝东南丧葬习俗大致有以下程式：

① 石柱县志编纂委员会.石柱县志[M].成都：四川辞书出版社，1994：112.
② 李稽勋，王寿松.秀山县志（光绪版）[M].北京：方志出版社，2012：164.
③ 李良品，彭福荣，余继平.重庆民族文化研究[M].重庆：重庆出版社，2010：405.
④ 郑志惠.中华大典·民俗典·地域民俗分典（三）·南方地区总部[M].北京：北京日报出版社，2015：2247
⑤ 郑志惠.中华大典·民俗典·地域民俗分典（三）·南方地区总部[M].北京：北京日报出版社，2015：2246
⑥ 李良品，彭福荣，余继平.重庆民族文化研究[M].重庆：重庆出版社，2010：405.
⑦ 同上。

(一)制作寿衣和棺木

渝东南土家族有提前制作寿衣棺木的习俗，一般老人年满六十岁时，其家人就开始为老人缝制寿衣和制作棺木，寿衣一般由女儿做，没有女儿的人家，由儿媳做，老人看到制作好的寿衣和棺木才会感觉到安心，提前制作寿衣和棺木也是子女尽孝的表现。如果是突然死亡或家庭贫苦资费不足的，则临时制作寿衣和棺木。

(二)封赠和送终

封赠即病人落气(断气)时，子女跪于床前讨封赠(吉利话)，土家人认为死者临终前的话非常灵验，如果能都得到临终者的封赠，将预示着自己的将来一帆风顺。病人落气后，要在床头烧落气钱(纸钱)和放鞭炮，用以告知乡邻亲人死讯并赶走污秽。死者家属尤其是女性要号啕大哭，表现得非常悲伤和不舍。男性则将死者移至木板上停放(因土家族多居住木房子，其门可以移动，人死后一般将其停放在门板上)，然后把死者床上的被褥、床单、铺草、席子、枕头等拿到屋外烧掉，驱赶晦气，最后用白纸覆盖在死者脸上，在死者的脚下点上桐油灯，意为照亮去阴间的路。

(三)净身和入殓

土家族人过世，要将其身体擦拭干净，由死者的子女或者亲朋好友帮忙净身，一般是象征性地在死者身体上擦拭几下，整理好遗容，用白布裹尸，再为其更衣，衣服件数为单数，至少要三件，最多有十三件。其衣服的材质主要是纱织，不能用缎面布料。衣服穿好后，为死者穿上寿衣、寿鞋、寿袜，另外要为死者戴上帽子。其帽子与一般帽子不同，是一种涤纶面料的黑布，缠绕在死者头部四周。最后为死者盖上红底黑边的“衾被”。先在棺内放好枕、衾、被、冥巾、纸卷等，亲人将尸体抬入棺内，将棺盖上，但不封，把棺材横放在堂屋正中，一般头部向左，脚朝右，在脚下点上长明灯。事前，要用白纸将堂屋正中的“天地君亲师”牌位盖住，防止凶气冲了香火，等到发丧之后才能扯去。入棺完毕，死者亲属女性在棺材旁哭诉死者好处及自己的思念和感伤。哭丧的女性一般都用同样的唱腔，号啕大哭的同时要诉说死者生前的好以及命苦之类的言辞。哭丧的声音和悲伤程度是衡量生者对死者感情真挚程度的标准。如果整个丧葬过程没有人哭丧，或者哭丧声音不大，则会被认为家族不兴旺，后人不懂孝道礼节。

(四)戴孝和送信

土家族的孝布为白色，根据亲疏辈分的不同，其尺寸、布料、佩戴方式也不一样。一般有七尺、五尺、三尺等尺寸。有客人来吊唁的时候，孝子则手持苦竹棒(外缠白纸条)做成的“孝棒”跪地迎接。亲人亡故后，家人要安排人手前往亲友处报信，报信时不能进亲友家门，只能在屋外，是为了防止把晦气带给亲友。

(五)做道场和守夜

渝东南土家族人过世后,家人要请专门的道师做道场,同时还要请歌师来唱孝歌。道场的复杂程度和这家人的家境密切相关,很多有钱人家的道场做的时间久,也复杂,贫困人家相对简单。时间的长短则不完全根据贫富而定。土家人下葬要选黄道吉日,也就是“看期”,如果没有合适的日子,则要停尸数日。道场的活动很繁杂,除了唱念经文超度死者,还有唱念祭文、穿花、泼水饭等仪式。堂祭是针对有女儿并且已经出嫁的人家来说的,在出丧的前一晚,女儿家要抬一头或者半头猪到死者灵前祭奠,行跪拜礼。坐夜也叫“守夜”,出丧前一晚,前来吊唁的亲朋好友在堂屋过一晚,一般通宵达旦,坐夜时,歌师唱孝歌,敲锣打鼓,亲戚朋友陪伴左右。

(六)清棺和发丧

出丧前,会让亲人最后一次瞻仰死者遗容,并让直系亲属清查棺材里面是否有异物。清棺之后,将棺材封住(一般用生漆,不用铁钉)。有时,在灵柩抬到墓穴前还要举行一次清棺仪式。出葬当天,按事先选好的时辰,孝子再次祭奠亡灵,由道师手执一把点燃的稻草等,在灵柩上下左右环绕一圈,防止孤魂野鬼前来“扑丧”,并口念咒语,用斧头将事先放在灵柩旁边装着祭祀活动中所烧纸钱的土碗或瓷碗打碎,叫“打灰碗”。土家人认为灰碗是死者在阴间吃饭用的,火灰则表示已将子孙烧化的钱币带去。灰碗打碎后,作法人高喊一声“起”,抬灵柩的及众人也跟着喊“起”或者“发起”(喊“起”的声音要大,要整齐,象征后代从此“起”和“发”),随即快速将灵柩抬往墓地,其他亲眷跟随其后,这时鞭炮齐鸣,锣鼓喧天,场面热闹。

(七)安葬和送亮

灵柩抬到墓地后,先放在板凳上,要做了法事后才落井。在盖土时,把第一锄泥丢在孝子的衣兜里(孝子跪在地上,牵起衣服的前襟兜住),并由巫师或道师封赠“黄金归窖”,最后,一边盖土垒坟,一边烧引魂幡及灵屋等冥具。下葬的过程中,女性亲属要在墓地前跪成一排哭丧,做最后的哀悼。安葬完毕后,送葬人群要往另外的路返回,防止把死者魂魄又带回屋内。从亲人埋葬的第一天起,晚上黄昏时要带上祭品,到坟前去点燃香烛。连续七天为止,其后每逢七的日子都要来烧香,直到七七四十九天之后才结束。过了“终七”后,则意味着死者的灵魂已经到了阴间,再也不会回来。

二、渝东南丧葬习俗中孝歌的表现形式

“唱孝歌”是渝东南丧葬文化的重要表现形式。“唱孝歌”又称“打丧鼓”“打围鼓”“丧堂唱”“打夜锣鼓”等,它是为陪伴亡灵、哀悼死者而唱的歌,具有悠久的历史,是一种古老的丧葬礼仪。

(一)渝东南孝歌的主要内容

孝歌有开场歌、接亡灵、悼亡灵、娱丧歌、送亡歌等几部分。歌词内容包罗万象,有死者生平、神

话传说、花鸟虫鱼、历史故事、名山大川、盘歌破谜、能工巧匠、谈情说爱、赛歌斗智等内容。正如歌师所唱："左青龙右白虎，前朱雀后玄武，凤凰展翅把门开，宝马驮金万福来。开了歌头莫住声，或唱古往与来今，或唱怪力与乱神，或唱地理与天文，或唱日月拱五星，或唱五岳众山名，或唱稀奇并古怪，或唱文明与斯文，或唱盘古与混沌，或唱开天辟地人，或唱山清并水秀，或唱历代帝王君，或唱武将和文臣，或唱地府与天庭，或唱八仙会上人，或唱走兽与飞禽，或唱礼乐琵琶经，个个都要唱几声，一夜玩耍到天明。"渝东南土家族常见孝歌大致有三类：

一是对死者生平的唱诵。歌师唱孝歌并不完全根据已有的歌书来唱，一般先了解死者的生平事迹，做到心中有数，然后即兴演唱。唱孝歌的曲调多变，或高昂或狂放，或低沉或悲伤，既表达了对亡者的悼念，又是对家属的安慰，同时也消除守灵人的寂寞。

二是对历史的咏唱。孝歌词还包含了很多历史题材故事，大多取材于三国、水浒或者杨家将等故事。如《杨家将孝歌》："杨家八虎闯幽州，打得天昏地也愁，大哥长江来刺死，二郎短剑自分身，三郎马踏如泥浆，四郎失困在番营，五郎怕死当和尚，六郎三关把身藏，只有七郎死得苦，七十二箭透心肝，残兵败将回家转，报与杨老令婆听。"这些历史故事通过一代代口耳相传，为大多村民所熟悉，歌师在唱的过程中能引起村民的共鸣。

三是歌师之间的戏谑之语。唱孝歌一般要持续几天几夜，夜晚太长，守灵人容易疲倦，为了让灵堂气氛更为活跃，歌师之间往往会互相戏谑，让孝歌内容生动有趣。唱孝歌不仅是一种表演，更是歌师之间的相互角逐。如"歌师来付老兄台，听你唱歌好文才。量你不得三分水，随你爱走哪条来。母鸡想把铃铛戴，驼背怎把轿子抬？歪嘴婆娘照镜子，当面现出丑相来。看你是根直把棒，在我面前吃不开。我今将你来放弃，哪位仁兄请上台"，"仁兄唱歌莫逞能，莫把别人来看轻。孔圣三千徒众子，其中七十二贤人。强中自有强中手，能人之中有能人。今晚兄台歪得很，看来不是等闲人。今夜有缘来会到，看你要定哪条行。你且安心来坐稳，我来与你定输赢。"①歌师之间的相互"斗嘴"，调动起观众的情绪，丧堂的气氛更加活跃。

(二)孝歌中的乐器使用

唱孝歌的过程中只唱不跳，有乐器伴奏，一般乐器包括鼓、铙、钹、锣、镲、唢呐等。以前唢呐一般不用在丧葬上，因为唢呐的声音代表欢快和喜庆。随着社会的变迁，丧葬活动从原来的"娱神"向"娱人"转变，丧礼要办得热热闹闹，唢呐就成了丧礼必不可少的乐器。渝东南地区歌师在丧葬仪式上并不是唱"独角戏"，而是通过各种乐器的交互使用，让整个歌堂的气氛显得非常热烈。在丧葬仪式中使用的乐器大致有鼓、锣、木鱼、铃子、铙、唢呐、海螺等。随着民间乐器艺人的纷纷转行，丧葬仪式上使用的乐器越来越少，现在市面上销售的乐器制作粗糙，音质不好。

---

① 材料来源于丧葬仪式调查中整理的歌词，有些字词只是记音。

三、渝东南土家族丧葬习俗的重要意义

孝歌作为渝东南土家族精神文化的产品，体现了土家族人独特的审美观、高超的演艺水平和创作才能。

（一）哀悼亡灵、宣泄情感

“灵魂不死”“万物有灵”是土家族重要的信仰，唱孝歌既是对亡灵的哀悼，也是对生者的抚慰，还有助于亲人情感的宣泄，减轻心里的悲伤。丧歌中庄重肃穆与活泼热闹同在。在许多地方，办丧事被称为“白喜事”。渝东南土家族往往会把丧事当喜事对待，丧礼越隆重越热闹，越能表现生者对死者的情感。

（二）凝聚亲情、交流感情

过去土家族人居住分散，交通闭塞，文化交流少，只有在逢年过节时，亲朋好友才团聚。在丧葬仪式中，左邻右舍都会不请自来帮忙，远处的亲戚也会千里迢迢赶来奔丧。丧葬成为一个信息交流、情感凝聚等的特殊场合。通过这种特殊的方式，亲友之间情感得到交流。在丧葬期间，孝子与亲友通宵守灵，因守夜时间长，很容易劳累困顿，唱孝歌可以缓解守灵人的劳累与痛苦。歌师也喜欢用一种戏谑的方式来演唱孝歌，通过“互骂”，来比知识、比智力，引起围观者发笑，让整个丧葬活动显得热热闹闹。

（三）启迪心灵、传承智慧

唱孝歌体现了土家族豁达的生死观，在土家人看来，生老病死是无法改变的自然规律，要勇于接受，人的死亡并不意味着永远消失，而是升入天堂福佑后代子孙。正如孝歌所唱：“树老空心不转嫩，人老不能转青春。该当亡人大寿尽，忽然一梦上天庭。你在天宫目观论，保佑后代及家人。保佑家中样样顺，财源大发人也兴。”孝歌是广大民众智慧的结晶，其中包含土家族人尊老爱幼、扶正祛邪、团结互助的传统美德。通过传唱，土家族的文化得以传承，人们的身心得到洗礼。

（四）促进团结、文化融合

“唱孝歌”原本为土家族特有的丧葬习俗，现已变成渝东南一些民族所共有的民俗活动。这些民族文化相互融合，形成你中有我，我中有你的局面。同时，渝东南丧葬习俗也是儒释道文化的一种融合。主持丧葬仪式的道师为死者唱诵经文，超度亡魂，这里的“道师”与“道士”无关，他们是专门办理丧事的人，同时他们身上又具有巫师的一些特性，让一般人对他们既尊敬又畏惧。渝东南地区丧葬观念，既有儒家的隆葬厚仪观，也有佛家的轮回转世观念，还推崇道教的地府信仰。在这里儒教、佛教和道教文化相互融合。

张军强的京剧人生

王美木
(重庆市文化和旅游研究院)

童年印记

1962年3月15日，张军强出生在河北固安县，他的姨家附近有一个艺校，当地很多小孩在那里练习基本功，全国各地的剧团时不时也去那里招生。

9岁那年，张军强父亲考虑到张军强今后要有一门手艺或技艺才不愁没饭吃，就决定让他住到他姨妈家，在那里学习、练功。 同年，河北保定艺术学校去那里招生，张军强顺利地通过了考试，进入了保定艺术学校。那时候张军强说不上对京剧有多喜欢，只是大人要求做什么就照做。张军强很爱学习、练功，老师当时主要教基本功，也教一些样板戏的唱段，同时收音机里也经常播放样板戏。这既是张军强对京剧最初的印象，也是对京剧产生兴趣的开始，他尤其对《沙家浜》《智取威虎山》《红灯记》记忆较深。

《沙家浜》剧照，张军强饰郭建光 摄影：王美木

初到保定艺校，难免会想家，好在艺校的孩子多，大家一起玩一起学习，就缓解了很多思家的情绪，到了寒暑假，学校的大卡车会送学生们回家。其间，他逐渐喜欢上了京剧，张军强的京剧人生就是这样开始的。

第一次第一名

刚进校一年，张军强第一次登台在《沙家浜》中饰演一名新四军，当时他觉得很好玩、新鲜、有趣，随之而来就是频繁的演出。当时艺校排演的样板戏场次很多。

第一次主演剧目《红云岗》，张军强在剧中饰演方铁军。《红云岗》讲述的是解放军某部排长方铁军在阻击战中英勇负伤，被贫农出身的英嫂所救。英嫂将他藏在红云岗。敌人为获取情报，命还乡团进行搜捕。英嫂和方铁军机智地与还乡团进行斗争，最终等到地方武装赶到，将还乡团全部歼灭。演出前的兴奋，出演后的开心，伴随着张军强度过了15岁。1978年，保定市京剧团来艺校选人，首选就是张军强，他心里非常激动。那一届毕业生有80名左右，后来有的转行了，有的去了河北梆子、评剧等院团，只有张军强一直从事着京剧事业。

张军强第一次参赛就得了第一名。

1984年，在由保定市文化局举办的青年演员大赛中，20岁出头的张军强以《打金砖》中《太庙》一折戏获得第一名，这使他受到很大的鼓励，本来就很勤奋的他更加努力了。在“第一次第一名”的光环背后，浸透着张军强辛勤的汗水，为了迎接这次比赛，张军强整个春节都没回家，大年三十自己独自留在团里的排练场，一遍一遍地练习……

1986年，张军强作为青年优秀演员被调入河北省京剧院，其间常演剧目有《四郎探母》《红鬃烈马》《汉宫惊魂》《大探二》《辛弃疾》等。1991年张军强再获中央电视台举办的全国中青年京剧演员电视大赛荧屏奖。1994年在天津“汪、言、余、奚”京剧四大流派展演中再获一等奖。1995年他主演新编历史剧《辛弃疾》，获得河北省第四届戏剧节演员一等奖。人们看得到他在舞台上的光彩，但他在台下的付出、经历的风雨、湿透的衣衫，却未必是他人看得到的。

张军强的第一次个人专场演出于1995年在石家庄成功举办。他演出了《白帝城》《武家坡》《碰碑》等，观众反应强烈，专家赞赏有加。演出前的紧张，上场后逐渐自如，出演后获得鼓励，是那个时期张军强的一种生活常态。当时能举办个人专场演出是件很不易的事。

《碰碑》剧照，张军强饰杨继业 摄影：王美木

2000年，青岛市京剧院引进人才，将张军强调入。他在青岛的第一出戏《智取威虎山》可谓一鸣惊人，当时反响很大，媒体多次报道“河北来了一个杨子荣”。

以下文字摘自2000年8月11日《青岛日报》记者李晓寒的文章（略有改动）：

> 他的表演从容大度，演唱细腻传神，据专家介绍，他是一名非常有潜质和发展前途的优秀中青年演员。对于张军强来说，《智取威虎山》是他第一次排演大型现代京剧。在传统戏中很少要求老生文武兼备，而“杨子荣”却必须唱、念、做、打样样皆精，且戏份很重，但张军强说，青岛的方方面面给了他很大的帮助，他没有理由不把戏演好。为了能在舞台上很快把握住戏里的感觉，在最热的天气里排练他都把“杨子荣”的皮大衣穿在身上。《智取威虎山》是当年的八个样板戏之一，张军强说“杨子荣”在观众的心里已经刻下了深深的印痕，他的许多唱腔和动作人们都已耳熟能详，所以，在塑造这个人物时，最起码的一点就是要让人们觉得“杨子荣”就是这样的。在此基础上，在一些细节的处理上他会根据自身的条件和特点来进行，使“杨子荣”成为张军强式的，而不仅仅是别人的模仿和翻版。

2000年底，张军强在“全国京剧优秀青年演员评比展演”中出演《范进中举》一折戏，又获一等奖。

张军强演唱《范进中举》 摄影：王美木

然而每个剧团有每个剧团的特点，发展理念也各不同。青岛京剧院当时以演出现代戏为主，传统戏场次相对较少。2003年，江苏省京剧院引进人才，喜爱传统戏的张军强便去了江苏省京剧院一团，并成为该团的头牌老生，同时担任一团副团长一职。在此期间，他将奚派传统剧目作为常演剧目，复排了《白帝城》《失空斩》《珠帘寨》等，同时主演了现代京剧《方志敏》。

2005年，重庆市京剧团为新编京剧《大足》选男一号，同时也是引进京剧人才，张军强来到了重庆，先后担任了重庆市京剧团副团长、团长。

刚来重庆的时候，团里对外来的新演员很包容友好，这让他感到特别温暖。他喜欢山城地貌的美丽，虽然重庆湿度较大，饮食偏麻辣，但这些对走南闯北的他都不算问题。

2007年，在新编京剧《大足》中饰演赵智凤的张军强获得第二十三届中国戏剧梅花奖，同时也成为重庆市首位“男梅花”。

《大足》剧照，张军强饰赵智凤 摄影：王美木

难忘恩师

张军强的艺术风格，是从对京剧由浅入深的理解，并结合自身的条件与优势，逐渐形成的。张军强痴迷奚派表演艺术，他找到奚啸伯的儿子奚延宏，表达了自己想拜师深入学习奚派表演艺术的愿望，奚延宏非常支持。在其引荐下，1993年，张军强拜师欧阳中石、张荣培，此次拜师是“双师受双徒”，两位老师共同收两名徒弟，拜师仪式简单而隆重，相关领导和北京的不少专家都参加了此次拜师活动。

张荣培先生家住石家庄桥西，张军强住在桥东，从桥东到桥西，骑自行车需40分钟。石家庄的夏天酷热，但张军强依然顶着烈日天天去老师张荣培家。张荣培先生身体不是很好，有段时间住在医院，张军强便常去医院看望老师，并继续学戏，老师虽然住院，但教学依然非常认真。张军强是中宣部举办的京剧流派传承班学员，每年得有一出戏，这也是学习任务，《失空斩》就是他跟张荣培先生学习的第一出戏，而这一出戏就是在医院学习完成的。

欧阳中石先生住在首都师范大学，那时候没有高铁，张军强去学戏就住在学校的招待所里，按照几天或者十天一个阶段，分阶段不定期去欧阳老师那里学习。张军强印象特别深的是，每次去欧阳先生家里，老师就把其他人都支开，把其他事都搁置一边，只把时间留给他。老师也明确地告诉其他人：“我这个学生从石家庄来一趟不易，所以我把时间要留给他。”

这些拜师学戏的往事，张军强现在回忆起来，点点滴滴记忆犹新，至今难忘。

代表作常演剧

张军强虚心学习，努力上进，“越是艰险越向前”，对奚派艺术的深入理解、对人物心理的刻画、对剧情发展与变化的把握，更上层楼。他传承发展了奚派委婉细腻、清新雅致的艺术表演风格，领会了奚派艺术的真谛。

他的嗓音非常适合奚派的声域，高音不尖不刺运用自如，中音韵味纯正悦耳动听，低音酣畅淋漓底气充足，唱腔具有奚派的“脑后音”响堂的特长，尤其是“一七辙”的运用更是游刃有余，音色正、音量足，听后有余音绕梁之感，给观众若即若离、似说如唱的艺术感受。

张军强的代表作《大足》《大梦长歌》，奚派代表剧目《白帝城》《范进中举》《失空斩》《杨家将》《珠帘寨》《打金砖》《击鼓骂曹》，常演的《大探二》《四郎探母》《红鬃烈马》《辕门斩子》，现代京剧《沙家浜》《方志敏》《智取威虎山》等，皆有其独特的艺术风格。

《辕门斩子》剧照，张军强饰杨延昭 摄影：王美木

《武家坡》剧照，张军强饰薛平贵 摄影：王美木

当我们观看张军强的代表作《大足》，为之称奇、惊叹、叫绝的时候，谁又知道这出剧目在当年的排演是何等的艰辛，排演次数之多自不必说，还要不时地更换演出剧场，为此剧团几乎全体出动，经常排练到凌晨3点多，演员、乐队、舞美、后勤及工作人员对此习以为常，这份观众们“看不见”的辛劳，或许才更让人叫绝。

后来的《大梦长歌》亦是如此，一般新编剧目都会排演到凌晨三四点，因为演员之间的默契、乐队与演员的默契、舞美灯光与演员的默契，都需要时间来磨合，特别是导演对灯光设计有了改动的时候，演员要多次在台上走位，对好灯光的最佳位置，而武场戏配合舞台特效的时候，同样需要时间进行磨合。总之，舞台上的默契，是各方面整体的默契。在精准配合的基础上，演员才能演好自己的角色。

张军强的代表作《大梦长歌》是国家艺术基金2016年度大型舞台剧资助项目，国家艺术基金项目并不好拿，尤其是在2016年，当时国家艺术基金资助项目才设立不到三年，要求也很高。

多年以前，张军强曾出演过《辛弃疾》，在《辛弃疾》和《大梦长歌》的剧中，张军强扮演的都是辛弃疾，但这两个剧目场次结构不一样，《辛弃疾》故事为辛弃疾创建飞虎军，后被削职为民，身体渐衰，再后来皇帝下旨请其出兵杀贼……演出《大梦长歌》时，张军强对角色有了更深刻的理解。辛弃疾是主战派，主张统一，朝廷内的求和派对辛弃疾进行打压，皇帝想起用辛弃疾，做一番事业，但被大臣阻扰，宫廷斗争较多。《大梦长歌》还增加了辛弃疾率领五十个人的飞虎军去抓叛将的情节，比之前的剧本更加完善，人物关系也更加清晰，结构更加合理。

张军强常演的奚派代表剧目《范进中举》中，范进中举疯了，在范进疯后有一段西皮导板转原板的唱腔，但这段唱腔有两个版本：一为"耳边厢又听得唤阿牛"，二为"琼林宴饮罢了恩赐御酒"。在演出时，大部分演员使用的是"琼林宴饮罢了恩赐御酒"，张军强也觉得这一段对于表现疯癫后的范进更为贴切，更能唤起观众的兴趣点。

常演剧目奚派名剧《哭灵牌》一折中的两段反西皮二六，张军强的吐字收音特别讲究，其运用了错骨不离骨的耍板唱法，如："抛""胞"等字的唱法，从字头的准备上看都在板上，但字腹出来大家能听到时却在板外，而收音时则又与下一字紧紧连在了一起。这样一来，唱腔充满了悲切之意，让人觉得缠绵悱恻，有如泣如诉之感。张军强在演唱此戏时很好地继承和发扬了奚派艺术的特色，而且运用自如，达到了较高的境界。

《哭灵牌》剧照，张军强饰刘备 摄影：王美木

常演剧目奚派名剧《白帝城》从"恨不得把吴狗倾国灭尽"到"梦魂间一阵一阵心神不定"，再到最

后的“两弟仇东吴恨化了灰尘”，在演唱的情感上一段比一段更“弱”，这对演员的嗓音条件有更高的要求，有高音的地方不能用高亢的演唱方式进行，因为刘备已是将死之人，念白、演唱应当给人以有气无力的感觉，有些音得“含”着唱。尤其是全本《连营寨》，前面《哭灵牌》已经唱了不少，到最后一段的“弱”音不是很好把控，比如“耳边厢又听得人声一阵”的“阵”字略高一点，但又不能以喊嗓的方式喊出来，因为此时的刘备距离死亡已不久，喊嗓不利于此时人物情绪的表达，这对演员唱功有很高的要求。

《白帝城》快接近尾声时，有一唱段“写遗诏不由孤，我的珠泪淋淋”，这一段在言派的演唱中都有其体现，奚啸伯先生最初也有这个唱段，但后来他根据自己对剧情的理解，删除了这一段。现在奚派传人演唱时，有的加有此段，有的没有加，张军强认为这个可以根据自身对戏的理解进行删减，如果这段有些重复或者多余，就不用唱。

《白帝城》剧照，张军强饰刘备　摄影：王美木

《白帝城》刘备出场时的第一句唱词曾也出现过不同版本，有的只有细微的差别，比如“恨不得把吴狗倾国灭尽”，而有的版本唱的是“顷刻灭尽”，感觉上“顷刻”更多的是表现刘备的报仇心切，“倾国”更多的是仇恨太深，两个版本都说得通，但目前大部分唱的是“倾国灭尽”。

传承发展

2014年1月10日，重庆市京剧团青年演员集体拜师暨京剧名家收徒仪式上，6位京剧名家收9名重庆市京剧团的青年演员为徒。

2015年1月16日，重庆市京剧团再次举行了青年演员集体拜师仪式，又有4位京剧名家收5名重庆市京剧团的青年演员为徒。

2018年，重庆市京剧团邀请了关派名家李晓玉来重庆授课并举行了拜师仪式。现在的年轻人学习积极性都很高，在未来一个时期内，重庆市京剧团将持续请名师前来授课。学习名师的名剧对演员、对剧团的发展都能有很好的推进作用，尤其是对青年演员的培养意义重大。

采访重庆市京剧团青年演员田琳和王召东时，田琳说：“张老师是一位很有涵养、很温和的人，在工作中，无论是平时排练还是正式演出他都非常认真，是我们青年人的榜样。对我们青年演员也是根据我们的自身情况分别进行培养，为我们搭建平台，2014年举行了集体拜师仪式，请了各个流派的艺术家为我们青年演员传艺。就我本人而言，我也是在拜师之后，获得了重庆艺术之星新星奖，进入了重庆市拔尖人才培养计划，并有幸参加了国家文化和旅游部主办的全国戏曲表演重点人才培训班进行深造学习。在2018年天津京剧院举办的“炫彩青春”京剧联盟院团暨京津冀优秀青年演员交流展演中，他不仅亲自带队，还亲自上阵充当配角，为我们青年演员打气，在台下给我叫好。我们有什么不明白的随时问他，他都会一一解答，让我们青年演员受益匪浅。在生活中他也是一位很接地气、很亲和的人，抖音他也玩，时不时还会与我们互动，分享一些有趣的正能量故事。”

在王召东眼里，张军强老师“艺高德厚，勤恳务实”，为剧团建设费尽心力。王召东说：“我入团这些年，亲历了张军强老师对传统戏的恢复和演出剧目的丰富。张老师积极推动诸多新编戏的创排，对青年演员的培养、后备力量的储蓄，功绩显著。我有幸多次接受张老师的传艺，这使我这些年得以快速成长。”

除了带领重庆市京剧团发展及演出京剧，张军强还积极推进戏曲进校园活动。他认为，戏曲进校园仍需继续加大力度，加强宣传。戏曲是传播中国传统文化的重要方式，现在很多中小学生对京剧很感兴趣，但是毕竟接触不多，加之学业比较繁重，所以持续性较差。

中國京劇

2018.12

JINGJU OF CHINA

全面推进京剧进校园

□文/张军强

2018年《中国京剧》刊登张军强《全面推进京剧进校园》一文

如今，作为重庆市京剧团团长的张军强，事务性工作虽然增加了很多，但自己仍然每天坚持抽出1小时左右的时间用于专业训练，包括练功、吊嗓等。

对于奚派艺术和重庆市京剧团未来的发展，张军强表示："还有待发掘更多的人才。在发现了适合的人选后，我会积极地去培养他们，作为奚派的传人我是有责任的，也会主动担当责任。至于京剧团人才队伍建设，今后还需要继续加大对高端人才的培养，这样才能把重庆市京剧团打造成西部一流的剧团。"

张军强和作者王美木合影 摄影：周利

川渝谐剧创始人王永梭

黄慧清

川，为四川；渝，指重庆。在天府之国——巴渝文化的沃土上，20世纪40年代开始，萌发出一朵艺术奇葩——川渝谐剧。其以个人独演、短小精悍、通俗易懂、幽默搞笑的形式，熟练运用四川重庆方言的特色，而博得人们的喜爱，跻身中国艺术之林。如今，川渝谐剧不仅享誉川渝，而且誉满全国，走出国门，传播海外。然而，川渝谐剧的创始人究竟是谁呢？谐剧又是怎样得名的呢？

在宣传中萌发谐剧

王永梭，四川省安岳县龙台镇黑滩村人。父亲早逝，他自幼与母亲相依为命，靠母亲替人洗衣维持艰苦的生活。童年的王永梭天资聪颖，勤奋好学。由于生性活跃，爱唱爱跳，在中学时除各科成绩优秀、作文拔尖外，王永梭对文艺活动特别是民间艺术情有独钟。无论川剧、胡琴、朗诵诗歌、踢毽子、练武术，他都是爱一行，学一行，会一行。演川戏可以粉墨登场，唱得台下观众喝彩；踢毽子技巧过人，闻名周边。由于王永梭自幼多才多艺，加之谦恭有礼，出语诙谐，得到家乡父老喜欢。他常在街头村尾静心观察揣摩江湖艺人的表演技巧和生活习性，学习人民群众丰富的口头文学语言，这为他后来的艺术表演打下了坚实的基础。

抗战爆发后，王永梭积极投身于抗日救亡运动。1939年，他在合江县当小公务员时，常与合江中学的青年学生一道上街募捐义演。他自己编排的小演唱，往往借用民众熟悉的民歌和流行的抗日歌曲曲调，填上生活气息和乡土味浓厚的歌词，极富表现力和鼓动性，为群众所喜闻乐见。王永梭鉴于“旧瓶装新酒”有助于增强表演的社会效果，还借用民间“抽花书”的形式，装扮成乡下替人看相的妇女，拖腔拖调地唱起“花书调”，为前来算命的人算了一个打鬼子才能“扬名显亲”的“富贵荣华命”，在观众的笑声中巧妙地宣传了当兵抗战好。由于借鉴民族的、大众化的艺术形式取得了成功，王永梭萌发了一个念头：要自己搞一种艺术形式，既简单又精致，既诙谐又深刻，以此反映自己熟悉的下层人民生活，揭露社会丑恶现状。于是，第一个谐剧的雏形脱颖而出。在1939年底迎接元旦的一个晚会上，王永梭表演了新编的节目《卖膏药》。只见一个身着彩裤的江湖艺人，为兜售祖传秘方、“包医百病”的膏药而大献殷勤，他明劝暗语，打拳助兴，累得口干舌燥，气喘汗流，可在那“前方吃紧，后方紧吃”,“病害得起,药吃不起”的国难年头,尽管看热闹的把他围得水泄不通,他却连一张膏药也卖不出去。这个可怜的艺人,最后还得忍气吞声地向地头蛇熊保长缴纳摆摊钱。这一次演出获得极大的成功。王永梭伶俐的口齿,敏捷的拳脚,丰富了江湖艺人的个性。剧中旧社会小人物为了谋生而煞费苦心,貌似狡黠实则笨拙的表现,令人捧腹大笑。但最终徒劳无功反遭勒索的不幸遭遇,则令观众深深同情,心情沉重。从此这种老百姓喜闻乐见的谐剧就在抗战宣传中应运而生了。

在表演中创立谐剧

王永梭因为演戏的志向已定,所以决心从师深造。1940年夏,王永梭考进了迁至四川江安的国立戏剧专科学校。在三年多的学习过程中,他深得艺术名家洪深、焦菊隐、马彦祥、吴祖光等10多位老师的熏陶启导。在学表演、学编剧、学导演、学舞蹈的同时,他还在图书馆博览了鲁迅、郭沫若、朱自清、莎士比亚、莫里哀、巴尔扎克、契诃夫等中外语言、文学大师的作品。因此,在剧专的学习中,他既学到了扎扎实实的表演基本功,也提高了文化素养和加深了戏剧理论的修养。在一次迎新年会上,他以更加成熟的演技,献演了他的谐剧处女作《卖膏药》,大受师生赞赏。曹禺在给学生讲课时还专门给予肯定,指出它运用白描手法,朴素而准确地塑造了一个流浪者。校长余上沅则对一些暂时尚不理解新生事物的短视者提出劝告,要他们不要沿用传统的话剧艺术眼光,来对这种创作说三道四。由于谐剧具有“一人独演,独演一人”的优势,以后学校对外辅导演出,有关方面都派王永梭参加。他也很珍惜这种信任和难得的机遇,边演边写,小节目逐渐增多。这时的王永梭将这些小戏定名为“拉杂戏”,寓意“拉拉杂杂,不登大雅之堂”。1942年,王永梭的第二个新剧目《扒手》问世,这标志着谐剧艺术已逐渐走向成熟。该剧是根据一年暑期王永梭在隆昌车站目睹的实况作为原型创作而成的。剧情是饥寒难耐的孤儿扒了一个烧饼,被警察抓住拷问,倒吊在刻有“南无阿弥陀佛”的石牌坊上,在警察“穷比偷更有罪”的斥骂中,最后孤儿挣断绳索摔死在石牌坊下。临死时,扒手发出了“扒手?扒手!你们才是……”的愤怒抗议,收到了震撼人心的讽刺效果。该剧与《卖膏药》有如下异同:人物语言仍然风趣俏皮,剧场效果强烈,但结尾是地道的悲剧,观众在“含泪的笑声”中,情不自禁地陷入沉思,受到震撼。扒手发出的“偷得最多,是穿得最好的“”我的窝子在警察局”的控诉,锋芒直指腐朽黑暗的旧社会。同时该剧第一次使用了象征性的小道具,一个方凳比拟“石牌坊”,站上方凳表示被高高吊起。这为以后的谐剧使用道具以丰富表现手段、烘托舞台场景创下了先例。该剧还第一次加上了民歌,更有助于人物刻画和情景暗示。总之,《扒手》创作和演出的成功,显示王永梭的“拉杂戏”已越来越不“拉杂”,在思想性和艺术性上愈来愈走向成熟了。

在演出中取名谐剧

1943年,王永梭在剧专毕业后,一时工作无着落,便约了几个同学“加盟”四川省富顺县一个剧团的巡回演出。在写海报时，他认为自己的所有剧作，有角色、有情节、有矛盾冲突，应该归入戏剧类。台词是诙谐、轻快而俏皮的；表演是真实、朴素的；形式的活泼与思想的深刻是统一的；演员与角色苦乐相通，台上与台下水乳交融。自己的剧作既诙谐又和谐，何不就叫“谐剧”？于是“独创谐剧——表演者王永梭”与观众见面，川渝土生土长的新兴文艺品种——谐剧正式宣告诞生。这期间，王永梭的谐剧创作与表演都进入了一个高潮时期。他又接连写了好几个新戏，其中《蜀道难》(后改戏名《赶汽车》)颇受观众欢迎。故事讲的是一个知识分子为搭拥挤闹杂的长途汽车，高价购买“黄鱼票”(黑市票)，拼命地挤上一辆破汽车。受尽折腾后，“老爷车”一再“抛锚”，最后车票作废，由乘客们把破汽车推回车站。这出戏通过演员(乘客)饱受折磨、洋相百出的经历和冷嘲热讽、尖酸刻薄的怨言，辛辣地嘲讽了旧中国路政的腐败与落后。在表演中，王永梭曾用一张木背椅比拟破汽车，并加以“变形使用”，忽而是驾驶室，忽而是大车厢。挤车、上车、坐车、推车，变化多端，妙趣横生，使他自幼练就的武术基本功和剧专培养的形体动作基本功得到了充分的展示。此剧后来在成都新南门外上演，同样反响强烈，著名导演贺孟斧做了充分肯定，《新民报》载文称赞《蜀道难》是一幅立体的有声有色的漫画。

王永梭表演《卖膏药》

同年，王永梭应邀在重庆市大剧院举行首次谐剧公演。这是谐剧的第一次大规模亮相，《新蜀报》上刊登了大广告，舞台旁摆满了大花篮。王永梭一气呵成演出了六场。剧目有《家》《赶汽车》《卖膏药》等，此次演出获得极大成功，剧院场场爆满，座无虚席。之后王永梭的谐剧演出可谓好戏连台，他陆续参加了在重庆举办的“全国文艺界文艺欣赏会”和“全国文化界文化联谊会”等重大演出活动。先后受到曹禺、史东山、舒绣文、白杨、张骏祥、洪深等艺术名家的支持和勉励。新闻界、评论界也大力推荐和宣传。王永梭声名鹊起，谐剧成为戏曲百花园中的一朵艺术奇葩。

王永梭往返于重庆、南充、成都、自贡等各地演出，深受观众欢迎。还为重庆大学、四川大学等几十所学校演出谐剧，受到青年学生的特别喜爱。为了扩大谐剧创作题材，开拓创作源泉，王永梭尝试“洋为中用”，从契诃夫、欧亨利等人的短篇讽刺小说中取材，二度创作，改编成谐剧，创作了《黄巡官》《一个喷嚏》《过冬之前》等。同时，他还根据现实生活创作剧目，如反映下层人民对苦难生活不满的《茶馆图》，表现小知识分子贫困潦倒的《喝酒》，揭露反动当局对音乐家迫害的《个人独唱会》，讽刺反动保长对群众敲诈欺压的《保长》，以及《追》《当》《嫌疑》等。王永梭在其谐剧系列中成功地塑造了众多活生生的人物形象，逐渐形成了自己的风格。但其演出在深受广大观众特别是青年学生、下层人民喜爱的同时，也受到反动当局的刁难和阻挠。评论界也褒贬不一，有人称赞王永梭是“东方卓别林”，有人指责他是“个人英雄主义”。但他坚信“人民喜爱的艺术才有生命力”，因此，他始终遵循“艺术为人民”的正确方针，坚持走自己的谐剧之路。

王永梭（左四）

新中国成立后的王永梭

新中国成立后，王永梭积极学习和贯彻党的文艺方针政策，认真领会毛主席《在延安文艺座谈会上的讲话》精神，在自觉地加强自我思想改造学习的同时，继续为运用谐剧之长服务于新社会和反映新生活，进行不懈的新的探索。1953年，他深入成渝铁路工地体验生活，创作并演出了新中国成立之后的第一个谐剧《在火车上》，成功地拓展了谐剧思想、艺术的表现空间，使谐剧肩负起歌颂社会主义新时代的光荣任务。1957年9月，重庆人民出版社收集了新旧谐剧十个剧目，汇编成《打百分》出版。反右斗争开始后，王永梭被错划为右派。在四年多的劳动教养中，他修过铁路，打过石头，经受了重体力劳动和艰苦生活的磨炼，还承受了女儿急病夭折，母亲、岳母先后病逝的悲痛打击。在那个年月，妻子、儿女也受到牵连。在“文化大革命”中，王永梭一开始就被划为“牛鬼蛇神”“反动学术权威”，被关进“牛棚”，他和他的家庭因谐剧而付出了惨痛的代价。

党的十一届三中全会后，组织上纠正了对王永梭的错误处理，为他恢复了名誉、恢复了工作，改革开放又使谐剧事业迎来了美好的春天。

1978年10月，王永梭在成都市解放军影剧院再次公演。消失了10多年之后的王永梭在舞台上重新亮相，观众反应十分热烈。他除表演观众熟知的剧目外，还推出许多新作。如《苏二哥》《十二点正》《自来水龙头》等。以《自来水龙头》为代表的一批谐剧小品，如《忌烟》《排队》《下棋》等，形式更加精巧，语言更为幽默，表演更加含蓄，思想更有深度。

1979年秋，在王永梭谐剧事业四十年之际，中国曲艺家协会四川分会和四川省曲艺团联合为他举办了纪念演出活动，连续五场演出均由王永梭领衔主演，五名高徒助演，师徒同台合作演出，显示了谐剧宗师宝刀未老、谐剧事业后继有人的崭新局面。

国立剧专迁江安五十周年文化经济交流会，返江校友留影（1988年）

1980年5月，王永梭应中国曲艺家协会的邀请，作为西南地区曲艺界的唯一代表，赴京参加全国“相声座谈会”，受到中国相声大师侯宝林等人的盛情接待。在京会议期间，王永梭曾为相声界、中国剧协、中国曲协和中国艺术院校、文艺团体连演18个专场。对这次演出，在京许多报刊都先后刊登文章，赞扬王永梭这朵谐剧艺术奇葩。

1980年，四川人民出版社出版的《王永梭谐剧选》，共收进了新旧剧目20个。随后，《中国艺术家辞典》和《中国戏曲曲艺辞典》分别将王永梭和谐剧列为词条之一。此后十年间，谐剧进入一个大普及、大提高的蓬勃发展时期。王永梭在创作、表演谐剧的同时，还致力于培养接班人、构建谐剧理论，取得了全方位的进展。据粗略统计，从1980年至1989年，他创作了近50个新谐剧，成果颇丰，超过了他一生中任何一个时期。王永梭的谐剧品种十分齐全，既有针对落后、批判陋习的讽刺谐剧，也有歌颂新人新事的抒情谐剧，还有轻松调侃、善意劝说的幽默喜剧。不仅有男演员演的谐剧，还开创了由女演员上演的谐剧，比如《三上成都》《媳妇》《生死篇》等。甚至还为少年儿童演员编写了儿童谐剧《我的爸爸》和《哥哥》等。

王永梭和他的谐剧虽然走过了半个多世纪曲折坎坷的道路，但是终于迈进了中国艺术的殿堂，登上了中国艺术的巅峰。从无到有、由小变大的川渝谐剧，由“一个人厮守的旗帜”逐渐变成了一批人共同为之奋斗的人民的艺术事业。为了让谐剧这片园地新苗茁壮成长，王永梭呕心沥血、鞠躬尽瘁，奉献了他毕生的力量。

艺苑

《打望山城》 中国画 赵毅（重庆）

《被遗忘的城市肌理》 青石雕塑 张亚平(广东)

《幽居读书图》 中国画 靳渝平(重庆) 选自“水墨丹青”系列画展

《庭院深深》 油画 徐腾杰(浙江)

《雨中古镇》 水彩 王明义(重庆)

《暗香》 中国画 张珍容（重庆） 选自“水墨丹青”系列画展

《安全感》 雕塑 杨春生(广西)

《艳秋》 水彩 张继渝(重庆)

《行走的餐桌》 丙烯 董国立(辽宁)

《暗香》 中国画 何国胜(重庆) 选自“水墨丹青”系列画展

《庆丰收》 中国画 刘永禄(重庆) 选自“水墨丹青”系列画展

《午后》 油画　田磊(贵州)

《春晓》 水彩画 许世虎(重庆)

《西厢记》 油画 张继东（浙江）

《中国浴室，向安格尔致敬》油画 王朝刚(重庆)

《心镜NO.3》 油画 黎捷（广东）

《建筑工地》 水彩 石联敏(重庆)

《冬雪》 油画 黄睿(重庆)

《边缘系列》 水彩水粉 何贤超(浙江)

《小康人家》 年画 吴本新(重庆)

《平衡年代》 不锈钢雕塑 陈浪华(广西)

《红旗渠》 油画 李民伟(重庆)

缓步于诗意之路

蒋宜茂

世间凡有生命之物,生长与渐次成熟是其最重要的特征。人生亦是如此,从青少年到壮年,从成熟到身老,概莫能外。

“吾十有五而志于学,三十而立,四十而不惑,五十而知天命,六十而耳顺,七十而从心所欲,不逾矩。”这是《论语》中孔子的自评,每每读来都甚觉豁达通透,随着年岁的增长,越是深以为然。

学诗习诗亦是如此,纵观业内行家里手,无不是由拙到精、从精返璞,先是技法的成熟,再有境界的提升。

少时,诗是生活的憧憬

对年少的我而言,诗歌承载着我对生活的憧憬,既在生活中感知诗意的景象,也通过诗去突破枯燥生活的平凡。

我是“从弥漫着泥土味的乡村走来”的人,自小生活在农村,生长于一个物质、精神都比较匮乏的年代。按照这样一个脉络,年少时本应和诗歌无缘。因为机缘巧合,小学五年级时,偶然得到一本《唐诗30首》的小册子,里面选编有李白、杜甫、王维、陈子昂的诗,这对于年少时的我,无异于如获至宝。每在放牛闲玩之时,都要拿出来囫囵吞枣地诵读。

当时,我并不知道为何对这本小册子兴趣浓厚、爱不释手,或许是一份注定的缘分,在不断地反复诵读回味中,种下了热爱诗歌的种子。现在想来,这份热爱或许自有其必然性和偶然性。必然性是物质与精神普遍匮乏的大背景和内在求知求进的激情所构建的看似比较强烈的冲突;偶然性则是个人与诗歌的不期而遇,尤其是王维的细腻和李白、陈子昂的豪情,完美地契合了自己少年时的焦虑和洒脱。所以,册子虽小,诗作也不多,却是平凡生活中的一束微光,照耀着我对美好的向往。

慢慢地,我不再满足于读,也开始尝试着写。诗以言志、诗以抒情、诗以明理,我学着把朦胧稚嫩的情感、想象投射到自以为的“诗歌”之中,以自己的青涩书写,抒发着对生活的热爱。第一次发表诗稿的往事,至今记忆犹新、难以忘怀。诗稿发表在县里办的《丰都文艺》报上。当时,收到了编辑部寄来的样报和一元钱稿费,我兴奋地交到父亲手里。父亲消瘦的脸上流露出满意的笑容,说这钱挣得容易，叫我少干农活，多写一点诗去卖。

确实，相比那时不足一元钱一斤的猪肉来说，这钱，是挣得相对容易。但是我心里清楚，写诗又岂会比干农活容易。工作以后，有缘见到时任《丰都文艺》的主编，谈起往事，才知道自己的稿费原本只有几毛钱，编辑看我是一名高中在校学生，才凑足一块，以资鼓励。这给当时的我以莫大的鼓励，一直激励着我更加自觉地在工作生活的间隙去学诗、习诗。

壮年，诗是生活的积淀

参加工作后，先做中学教师，后从事基层管理工作，诗歌也不得不渐渐被暂时搁置到了一边。虽是如此，但它并未完全从我的生活中消失，反而是在一段沉寂之后，随着历经的磕磕碰碰与积累的人生阅历，又成为我对生活的几多积淀。

积淀了真情。从前的少年悸动如今已有些淡然，不再是“不敢与神女相拥，却有初恋般邂逅的心动”。转而变成了亲情一般的绵延，觉得“与诗的拥抱不该停歇”“眨巴着眼睛不肯熄灭”。在欢娱、伤感、起伏、闲暇之时，都会不经意地想起诗歌。在这些时候，诗能带给人心灵的慰藉和人生的活力，犹如一个红颜知己，在人生路上相扶相呼，相互鼓励、慰藉与眷顾。

积淀了本真。诗是一种艺术，也是一种技术，二者之中又常是技术趋熟在前，艺术成长较慢，以致免不了会经历一段炫技阶段。然而，生活会打磨一个人的棱角，也能剥去所有外在的华丽衣裳，经过不断洗练之后，剩下的才是自在的本真。我手写我心、我心抒我情。一人一诗，风格各异。我最早接触的诗歌体裁是古风，我较为钟爱的也是古风，也乐于把古风当作自己表情达意的载体之一。古风诗简练、古朴、真切，或豪情万丈，或连绵不绝，终不失其纯真古朴，或许这也体现了诗与书写者的共同成长。

积淀了传承。我喜欢现代诗，且经历过一段古诗、新诗之间的短暂割裂。学习了一点传统，为了让自己写的东西体现“现代”，便不去触碰传统，而后来终于发现：少了传统的给养，只会让直白的抒情和无味的自白将自己浮在水面。这种书写中的短暂割裂正如年轻人的叛逆，既急于反驳父辈的观念，又找不到自身的根基，或许也只有伴随着岁月的积淀才能逐渐成熟，才会慢慢学会如何在继承传统中创新。

积淀了精神。诗从来都是一种充满魅力的表达，“撩起世界神秘美丽的面纱，使熟悉的事物变得陌生起来”，把眼前的画面、景物、人事，通过诗人的感悟、体验、经历，转化为情意、理志、意趣，其本质不仅是个人情绪的宣泄表达，更是个体内在精神的宣扬彰显。情绪具有个体性、经验性，但其升华为精神时，又具有了普遍性、感染性，使这些本属于个人的生命体验与生活、工作感悟，成为被他人感受、理解的情感与经验。借助岁月的重力，把自己下沉到生活的海底，这样才能打捞起最深层、最纯真的情感与体验，这样的诗稿也许才会更具魅力。

现在，诗是生活的回归

逝者如斯夫，韶华不可复。历经岁月的风霜之后，开始向花甲之年靠拢，再回首往事，诗歌或许将成为一种对生活的回归，对诗意的追求，也不过是“形追其简，意求其凡”罢了。

贺拉斯说：“一首诗仅仅具有美是不够的，还必须有魅力。”诗因声韵而美，凭境界而魅。平仄合序、音韵和谐、对仗工整，确能彰显声韵之美，年轻时还有心气追逐，现在看来，则更喜欢回归质朴，但求形追其简，格律声韵当是促进诗歌成长的阶梯，却不能以形害意。文重意、诗重境。诗的魅力更多源于反思与启迪，源于意趣与境界，唯有此，诗才是值得人品味的。而这种反思启迪又绝不能自命玄奥，意趣境界也不可故作深沉，而要返璞归真、意求其凡。古人说大道至简，诗理何尝不是如此。

诗既源发于诗人的热情，也抒发着诗人的热情。在我看来，一首诗之所以能让一瞬的灵光跃然纸上，当是诗人内在的热情，对生命的热情、对生活的热情，以及对诗歌的热情。同时，为诗也尚需一颗善心，要心地干净，不容杂尘，并且越是久经生活历练打磨，越应坚定纯真，通过内在的善良与悲悯，把自身与世界联系起来，否则，其诗必然是孤单的、孤立的。王国维说，“词人者，不失其赤子之心”，大抵也意在于此。

我学习写诗，更享受其过程，让脑海中每一帧画面和心中每一份情感，都“天真”地涌现出来。正如已出版的诗集《窗外》表达的那样，一首诗更应该像一扇窗，诗人推开它，能看见他所钟爱的生活，读者推开它，能看见诗人的内心。南飞秋雁、老井黄牛，这是我儿时的记忆，而我也希望它能唤起读者对故土的思念。长夜伏案、旅途风尘、如画乡村、人勤春早、风雨潇潇、人情沧桑等等，是我生活工作中的点滴，希望能唤起读者对岁月的共鸣。我把对故土的思念、对工作的感悟、对基层群众的丝丝情感、对生活的零星感触，力所能及地用诗歌书写出来，希望能用心记录下山川的绮丽与凶险，描绘出乡村的幸福与艰辛，挖掘出生活的真谛与诗意。

附：近期诗作

客居山村

秋雨声声湿小窗，山风一袭夜清凉。
邻家忽有新歌起，顿起幽思满故乡。

博鳌观日出

天高浪阔云霞涌，蜃楼缥缈一片红。
祥光万丈拔雾霭，海天一色近苍穹。

桃花

窗外桃花突兀开，蜂蝶恋旧自飞来。

林间曲径漫绿苔，静待花痴舒满怀。

千岛湖

碧波泛舟绕千岛，山峦叠翠起绿涛。
湖光秀水连天阔，鬼斧神工吟舜尧。

花季叹

绽放一季过今生，东风多情却少珍。
落红共水知未可，不如成泥作凡尘。

咏绿叶

探春护花成芳菲，东风习习绿叶肥。
炎炎盛夏仍葱翠，萧萧深秋不肯回。

夕渡

幽幽山峦偎碧湖，扁舟一叶待人橹。
斜阳无意返故里，踟蹰埠头心如初。

红叶

清风红叶生细浪，游人络绎起彷徨。
颜至极景随云雨，千古风流有诗行。

三峡人家

江水矢志奔东流，两岸青山矗千秋。
三峡人家耘瘠地，满坡果蔬祛贫疣。

巫山脆李

脆李缀枝树低垂，一袭清风起翠微。
满坡满园弥香气，线上线下竞销谁。

奉节脐橙

漫山金黄掩碧翠，江风回荡煮脐橙。
色味纯正传九州，峡谷人家乐营耕。

且听川剧韵悠长
——《川剧剧本文献辑编》序[①]

吕岱

一

为《川剧剧本文献辑编》写序，对我来说，既是苦差又是乐事。说是苦差，是担心如同《做文章》中的徐子元道白那样："把我倒吊三天三夜，也滴不出一点墨水，怎么做得起啊！"说是乐事，恰好是漫漶残缺的故纸中透露出来的历史信息让我暗生欣喜和神往。川剧剧本文献，恐怕是第一次以如此规模、如此方式集纳示人。石印、木刻、手抄、油印、铅印等版本面貌各异，均以扫描影印方式再现于世；周慕莲、周企何、李文杰、阳友鹤、薛艳秋、张德成、周裕祥等整理及口述的剧本与条纲，不仅呈现出川剧艺术名家各自"看家戏""拿手戏"的不同剧本样态，还可以让读者看到不同编剧和导演删削修改的批注及说明；而同一剧目不同版本的收集和呈现更是为川剧剧本文献的比较提供了研究空间。踱步迈入这么大一个川剧剧本文献宝库，又何乐而不为呢。

二

川剧诞生于巴蜀文明，也是长江文明孕育和奉献出来的精神文明成果。川剧流播于川渝滇黔甚至台湾地区，影响广泛。

一方水土养一方人，也育一方戏。巴蜀之人对歌舞及戏曲等有着特殊的爱好和特别的表达。这在古籍以及流传的神话传说中多有记载。《山海经·大荒南经》载："有臷民之国。帝舜生无淫，降臷处，是谓巫臷民。巫臷民朌姓，食谷，不绩不经，服也；不稼不穑，食也。爰有歌舞之鸟，鸾鸟自歌，凤鸟自舞。爰有百兽，相群爰处。百谷所聚。"有专家认为"臷民之国"是"大巫山"地区。关于重庆歌乐山的来历，就有"大禹治水，庆典歌乐"的传说。国民政府主席林森曾与著名书法家柯璜合作在歌乐山崖上题刻"大禹会诸侯于涂山，召众宾歌乐于此"。可见，歌舞既可表达理想中的极乐境界，也与庆

①本文中的四川人指广义的巴蜀之人。

典、祈福、祭祀等人类部落的早期活动和仪式有关。《华阳国志·巴志》记载:“周武王伐纣,实得巴蜀之师,著乎《尚书》。巴师勇锐,歌舞以凌,殷人倒戈,故世称之曰‘武王伐纣,前歌后舞’也。”老实说,我并不知道“前歌后舞”的巴师在武王伐纣的庞大战阵中属何种部队、具体用何种战法,但我晓得巴人顽强地生存于大山大川之间及蛮荒偏僻之隅,他们勇猛善战,其“歌舞以凌”的独特形式在一场伟大的战争中确实独树一帜,值得史记。巴蜀大地在历史上孕育了众多具有浓郁地域特色的歌舞、戏曲,形成了强大的传统,如巴人唱的“本乡歌”,跳的“巴渝舞”,艺人秀的“木脑壳”,戏班演的“川杂剧”,还有走街串巷、上山下乡的“花灯”“打莲箫”“傩戏”“端公戏”“薅草锣鼓”“板凳龙”,以及船行川江、勇斗激流险滩的船工号子等,可谓丰富多彩,特点突出。明清时期终于诞生了我们今天所说的川戏,或称川剧。

对于川剧的诞生时间,学界尚未形成定论:一说“川戏”诞生于明代(邓运佳);一说“川剧”诞生于清雍正时期(杜建华、王定欧)。而艺术家和专家达成共识的是:川剧在声腔艺术上的基本特点可用五个字概括,即昆(昆腔)、高(高腔)、胡(胡琴)、弹(弹戏)、灯(灯调,或称灯戏)。

分析川剧形成的原因,我认为有以下几点值得关注:

一是开放的态度,沟通交流的渠道。有人认为巴蜀之地就是个大盆地,巴蜀之人具有浓厚的盆地意识,什么都很封闭,也很保守,其实这种看法过于简单和肤浅。从三星堆遗址发掘出的文物中有贝壳,而贝壳为沿海一带的产物;金沙遗址中出土了数量不小的象牙,这也来自巴蜀之外。贝壳、象牙等文物证明古巴蜀并非封闭之地,而是与外界保持着开放的沟通与交流。在交通尚不发达的古代,水运是非常重要的交通方式。在巴蜀大地,河流众多,水系发达,有长江、嘉陵江、乌江、岷江、沱江等水系流经巴蜀大地。发达的水运交通促进了巴蜀大地的对外交流和文化沟通,这对川剧的形成和发展具有重要作用。专家认为川剧的流派“川西坝”、“川北河”、“资阳河”和“下川东”(对于下川东的区域,学界尚无定论,普遍认为以重庆为中心,包括涪陵、万州等区域)都跟相关流域不无关系。除了发达的水系,著名的茶马古道与秦巴古道也是巴蜀大地对外的通道,通过茶马古道和秦巴古道,巴蜀大地向外输出茶叶、盐巴、漆器和蚕丝制品,也从外地带回巴蜀大地所没有的物资,文化交流在物质交换的同时发生。

二是人口迁移带来的文化影响。据史料记载,从秦代开始至新中国成立,向川渝地区的大规模人口移民就有六次。人口迁移肯定会带来特定人群的生活器物、生活习惯和生活爱好,也会创造出特定的文化需求。这是人及某些人群的乡恋之情与根性反映。比如,建设“湖广会馆”等会馆,以及在会馆开展的迎春活动、祭祀活动及唱堂会就是如此。请戏班子唱家乡戏更能在异域他乡增强乡党精神,形成抱团力量。著名学者徐中舒认为,古代四川文化“萌茁于本土”,同时也是多民族融合的产物。

三是城镇的建立和扩大、商贸集市的兴旺和市民阶层的出现。从成都及周边地区考古发现的三星堆遗址、金沙遗址及十二桥遗址等来看,在殷商及更早时期,成都就已形成城市聚落。城市的出现是文明发展的一个重要标志。成都与重庆建城都非常早，而且自古以来就是商贸发达之地，也是不少重要物品的产销中心。中国最早的纸币为“交子”，北宋时就诞生于成都，可见当时成都地区商贸之盛。成渝两地都是川剧重镇，城市的街市及码头为川剧的演出提供了大的平台和可能性。川剧的发展必须依赖于物质经济的发展。无论人因物聚或物因人聚，人都是中心，而文化也因人而生，随人起落兴衰。城市发达，商贸兴旺，市民阶层逐渐形成，市民阶层的文化爱好、趣味和需求也趋多样化，这也进一步促进了文化的多样化以及文化形式的专门化。人们有了钱，有了闲时闲心坐下来慢慢看戏，开始捧角、捧戏班，戏班之间也有了竞争，文艺作品也才开始有了明显的商品属性，进入有价值的经营状态。所以，城镇发达、商贸兴旺、人口聚集的地方文化活动更加活跃、兴旺。

四是川话川腔成为“五腔”整合和统一的基础。川剧艺术家和研究专家普遍认为，川剧昆、高、胡、弹、灯五种声腔中，昆、高、胡、弹是外来的，灯调才是本地产生的。不同声腔在长期的发展与交融中，形成了以高腔为突出特征的“五腔归一”的现象。“归一”的“一”，指的是川剧。当然，“五腔归一”不是指五腔合为一个腔，而是指“五腔”共同构成川剧声腔，既具有川剧声腔的统一性，不同声腔又具有各自的特色。

为什么不同的戏剧品种传入巴蜀大地后，可以整合、融合、统一为川剧，而不是某个戏种吸纳其他戏种而发展壮大呢？这种情况值得思考，我试从三个方面对此作探讨。

第一，巴蜀之地相对偏远，远离皇权统治中心。巴蜀之地虽然与外界始终保持着沟通与交流，但由于独特的地理环境，与其他地区仍有一定程度的隔离，可以自成一体，物产丰富又能够自给自足，因此具有相对的独立性。川剧实际上是古代相对独立的“天府之国”的一种文化反映和表现，或可说，在巴蜀之地可以“唱自己的戏”。川剧相比京剧、越剧、昆剧等其他大剧种来说，显得更自由一些，更洒脱一些，拘束也更少一些，甚至出现不少突破程式化的情况。

第二，艺人与戏班子谋生的需要。在人口迁移过程中，不同戏种的戏班进入巴蜀之地。产生于特定地区的戏剧形式，其受众亦有地域性。巴蜀之地的外来戏班子虽然可能在某一个阶段主要为某个特定人群演出，但这样戏班的经营没有可持续性。戏班子要生存，要扩大市场，必须尽量扩大看戏观众群体，因此其所演戏剧必须接地气，也就是“本土化”。如果墨守成规只唱自己的家乡戏，四川人听得“云里雾里”的，那么必然会失去观众和市场。因此，不同剧种同台演出就不可避免，相互学习、相互借鉴、相互影响也成为必然。对艺人来说，还存在“跳槽”“偷戏”“盘戏”等各种情况。通过川剧剧本文献，我们也可以看出端倪，同一剧目有可能有着不同的版本，还有的只有条纲，这反映出川剧剧目的来源较杂，剧本也不太固化，加上艺术家个人的表演取舍，确实存在着某种复杂性。总之，这里主要说的是戏班入川后因自身生存发展而导致“外戏归川”。

第三，最重要的是语言的作用。在川剧艺术的发展中，入川的不同戏种不断进行“本土化”，唱腔与巴蜀之地的方言不断磨合，形成了川剧的“川白川腔”。白是道白，腔是声腔。从川剧中我们可以看到，四川话具有极其强大的力量和特殊的感染力。有专家讲“五声共和，高腔为主”，说得也对，但是本质上川剧却是四川话之统，是语言及腔调的结果。不管什么戏，在巴蜀之地最后都成了“川戏”，都归到“川戏”的旗帜下。

三

阅读川剧剧本文献，我究竟看见了什么，又想到了什么？川剧剧本文献就是故纸堆与过去式吗？我们且看且分析。

川剧剧目极其丰富。行话说：“唐三千，宋八百，演不尽的三列国”。《川剧剧目辞典》（四川辞书出版社，1999年版）收录的川剧剧目就有近六千个，其中正式立条四千余个，附录存目近一千七百个。川剧剧目中，既有来源于其他剧种的剧目（包括移植、改编等），也有大量本地作者创作的剧目。参与剧本创作或修改的有不少大家，如赵熙、黄吉安、尹仲锡、冉樵子、李劼人、沙汀、阳翰生等。

这次我看到的川剧剧本文献，单一的剧目有六百多个，另外还有很多同剧目不同版本、不同名称的情况。我们可以将川剧剧目大致分为几类题材，从中可以看出艺术家提供了什么与观众喜欢什么。

一是历史题材。这里的历史，并不是严格意义上的历史，而是历史的演义，演义的历史。在传统的中国，老百姓获得历史知识与所受的历史教育一般是通过戏曲和说书人来实现的，老百姓对历史题材的戏曲相当感兴趣，所以，历史题材是第一大类。

历史题材的川剧剧目中，暴君戏、奸臣戏、昏君戏、忠臣戏极为丰富，且剧目几乎反映了各个朝代的历史故事。比如，大幕戏《九龙柱》为川剧的“四柱”之一。戏中纣王新筑鹿台并邀苏妲己夜宴于此。两人看见一老一少涉水过河却命人将其捉来“敲骨验髓”，看谁血衰精旺；看见孕妇过河，又打赌她怀男怀女，命人捉来“剖腹验胎”。而五位大臣冒死进谏却被各种刑罚“伺候”，最后纣王被姜子牙的九龙烈火柱烧死。暴君戏（如《九龙柱》《反五关》）、昏君戏（如《方伯图》）、奸臣戏（如《东窗》第48本《金牌诏》）、忠臣戏（如《方孝孺草诏》《大红袍》）、庸臣庸将戏（如《长平之战》）成为川剧最为突出的戏剧内容和模式。这些川剧剧目，直接反映了民众的愤怒和批判，嘲笑和讽刺，歌颂和赞扬。

历史题材川剧剧目中也有不少反映天下大乱、门阀割据、群雄纷起、朝代更迭的大戏，其中最典型的要数战争历史演义，如《三顾茅庐》《火烧上方谷》《千里送京娘》《长生殿》《太平仓》等。

此外，川剧还有不少边塞戏，如《班超》《王昭君》《木兰从军》《天门阵》等。

对于四川人而言，历史题材的川剧剧目不仅是戏台上的艺术，而且是历史的展现。戏曲中流露出来的愤怒、不平与抗争的情绪，也是四川人性格的反映。值得一提的是，唐时成都戏剧演员曾经创作《刘辟责买》一戏，直接讽刺和抨击贪官刘辟收刮民脂民膏的行为，可见川人性格之刚烈，之无惧。

二是审案题材。这类题材与历史题材有某些重叠之处，但由于形成特殊类型，故单独列出。这类川剧剧目有《十五贯》《八件衣》《九人头》《刁牙审刺》《三生缘》《公堂失和》《双青天》《双玉镯》《玉镜合》等等。这类川剧剧目反映了官场贪腐、人心贪婪、人性扭曲，但也歌颂了清官，反映和表现了曲折危难以及生死关头人物的善良、正直、勇敢和坚持。这类题材的川剧剧目往往在重重迷雾中求证和求真，具有归纳与演绎、分析与揭示等逻辑意义，同时还包括了心理暗战。这些方面明显具有现代性，对今天的文艺创作还产生着影响。

三是孝善忠义等传统价值观题材。中国传统社会是以宗法制及家庭血缘关系为中心的社会结构体系。因此，劝孝、劝善、褒忠义成为文艺作品表现的主要内容和重要主题，不少作品还加上因果报应的内容，甚至还用极端的表现方式来警告和恐吓世人，以达到宣扬善有善报恶有恶报的艺术效果。如《琵琶记》《三孝记》《杀狗惊妻》《晚娘毒》《一捧雪》《柳林丢包》等川剧剧目都有直接表现。

四是爱情题材。爱情是人类永恒的主题，可以说是文学艺术的“母题材”，川剧同样偏爱爱情题材，由此产生了不少经典作品，如《风筝误》《玉簪记》《玉堂春》《荆钗记》《西厢记》《月下赠巾》《双世缘》《打瓜招亲》《红梨记》《还魂记》《芙奴传》《杜十娘》等等。

五是神鬼道佛题材。川剧剧中，神鬼道佛题材是非常大的一类，有《目连传》《白蛇传》《仙狐缘》《红龙岭》《后雷峰》《达摩飘海》《戏阎罗》《邺水投巫》《宝莲灯》《放裴》《哪吒》《钟馗送妹》《拿虎》等经典剧目。

四

川剧是巴蜀文化的重要内容，是宝贵的非物质文化遗产，极具文化价值，关于川剧的论述也不少。这里，我试从地域文化的角度用盐、绕、憨、诡、特、踬这六个字来概括自己阅读川剧剧本文献及看川剧的突出感受，我认为这样的概括更贴近川剧本身的表达。

（一）盐

盐，四川话通“言”，通常说“某某人是贩盐的”，即是说“某某人是贩言的”，指某些人能说会道，说道的当然是四川话。这里所说的“盐”意思更广，不仅指吃的盐、说的话，还包含了四川人的性格、脾气、胆略和追求。比如有四川人宣称“要做天下盐”，就是豪气干云的表达。

语言是人类重要的交际工具。人通过语言相互交流，传递信息，描述世界。语言由人类创造，同时也影响着人类的思维方式。人本质上还是生活在语言及语言的环境和氛围之中的。从这种角度来说，语言即生活，生活即语言。对于生活在某些区域中的人来说，地方性语言就是他们生活中不可或缺的一部分。这样，我们就可以从语言方面进一步理解为什么出现“川白川腔”的川剧了。

有人认为川剧的“川白川腔”很土，究竟对不对呢？我认为既对又不对。“川白川腔”很“土”，是因为它从根本上反映了川剧跟四川人及其日常生活有着撕扯不开的血肉联系。它不是接地气，它本身就是地气。四川话对于川剧来说，犹如汤中之盐，它就在戏里。川剧中有不少民间语言入戏的情况，包括生动活泼的口语入戏，但这并不能简单地认为这就是不好的。著名美学家王朝闻先生曾说：川剧名角彭海清的“四川土话是朴素而生动的……但愿有人能够避免洋腔，运用有趣的四川语言”。（见刘乃崇《忆彭海清老师谈》)关于川剧语言,我甚至联想到白话文革命,联想到当代小说中的“生活流”和这几年流行的“口语诗”等,在其中可以品到“川白川腔”的现代性,这不是很有意思吗?民间语言入戏,不仅仅是戏剧表现了民间语言的外在形式与语言要素,而且语言包含的深厚、广大和丰富的民间文化也融入戏剧之中。

川剧的“川白川腔”并不是日常四川话的照搬,而是日常生活语言向剧本语言的转换,向舞台语言的转换。换一个角度说,川剧的“川白川腔”是艺术对生活语言的提炼与升华,为日常的生活语言赋予了新的意义,由此产生了更高级的艺术语言。

(二)绕

“绕”是四川话中使用比较多的一个词,如:你会绕哟,你是绕包包的哟,你少绕,等等。绕,一般指能说会道;特别会绕,指的是会编故事,而且编得圆(绕得圆),让人听得津津有味。也就是说,高级的绕,就是一门说的艺术,编故事的艺术,用语言吸引人的艺术。

关于如何进行高级的绕,我们且以川剧《秋江》为例来分析。

《秋江》来自传统大戏《玉簪记》,它并不是川剧所独有的,但川剧《秋江》在人物、说白、唱词、表演等方面都进行了丰富和发展,已发展为一段独立的“大戏”。

全本的《玉簪记》,现重庆川剧院舞台演出的场次为:楔子,无量寿佛;第一场,琴挑;第二场,偷诗换诗;第三场,逼侄赴科;第四场,秋江。

我专门查了《川剧剧本稀见档案文献编注》,跟《玉簪记》和《秋江》直接相关的剧本共12个,情况如下:第一,剧本名称有《玉簪记》《白云楼》《碧玉簪》《秋江》《偷诗》《逼侄》《逼侄赴科》,其中也有手抄本注明一剧两名的;第二,上述剧本分别包括了“偷诗”、“逼侄”和“秋江”三部分内容,但没有一本包括“偷诗”、“逼侄”和“秋江”等完整的场次结构,其中只有一本有“偷诗”和“逼侄”的内容。这令人费解。如果说口述本或转述本错了,那不可能全错。那么我们是否可以得出一个结论:川剧演出时更倾向于折子戏,因为折子戏可以去掉一些不那么重要的交代和过场,使戏更集中,更突出,更饱满,更凝练,观众看起来也更过瘾。但是,一节戏不等于一出戏,其中一折也不等于简单做减法,拿掉其他内容凑合就行。怎么办呢?四川话常说“螺蛳壳里做道场”,意思是微小的地方也可以显出本事、做出文章来,这其实跟“一石亦山,一勺亦江”有相通之处,但这在艺术上并不容易做到。

《玉簪记》写了读书郎潘必正和尼姑陈妙常在尼姑观里大胆而热烈的爱情故事。《偷诗》《逼侄》算是《秋江》的前戏。《秋江》则是陈妙常追赶潘必正到江边与老艄翁的一段戏。《秋江》这出戏,人物只有两个,地点在江边、船上,道具有篙竿、桡片,几乎没有情节。可以看到,《秋江》简单到极致。可是戏剧冲突在哪里,如何展开为戏或者说如何“绕”成一出好戏呢?

我们以时间为序,以内容为单元来划分戏剧段落:

第一段:陈妙常追到江边喊雇船。老艄翁出场的唱词和对白就为全剧定了调,唱词唱出了快活洒脱,对白一开始就扯(开玩笑):“哎呀,我道何人,原来是刺笆林的斑鸠……”陈妙常:“此话怎讲?”

老艄翁："是一个'姑姑'。""姑姑"是由斑鸠的"咕咕"叫声转音而来。

第二段：老艄翁问所追何人，何亲何故。陈妙常答无亲无故，"我与他是朋……"老艄翁佯装糊涂，就着朋字的谐音，一再问，是船篷、风篷，还是老汉戴的斗篷。

第三段：讨价还价。老艄翁开价：孙猴儿打跟斗，十万零八千；陈妙常还价：大舜耕田，一厘（谐音犁）。然后双方从三钱讲到六钱、九钱，陈妙常答应了，给老艄翁三件九钱银子，老艄翁收下却又马上退她两件六钱银子，理由是银子有虫眼。这个段落直接揭示出整个剧的冲突核心，陈妙常心里非常着急，老艄翁发现了："哦，才是一位多情的姑姑！等我来与她作作玩。"

第四段：上跳。没乘过船的陈妙常战战兢兢地上了船，老艄翁却说要回家吃饭，问家有好远呢，老艄翁答："没得好远，打雷都听得到，只有四十里路。"待说不吃了，又故意去推船不解缆绳，下水抽（推）船又东一下西一下拖延。

第五段：行船。这个段落，老艄翁先说"开船还有个臭规"，要说"四言八句"；再问姓氏讲避讳；再问岁数打老庚；再夸姑姑生娃娃；最后再用天上飞来的鸳鸯鸟结尾。

由以上可以看出：

第一，全剧的核心冲突由陈妙常情急追赶和老艄翁故意"作作玩"构成。陈妙常情怯羞涩与老艄翁历尽江湖构成了戏剧发展的逻辑可能性。全剧中，老艄翁具有主导性，是戏剧推进的主角，而使用各种方法和手段（东绕西绕）尽量延宕使戏剧形成了艺术的张力和可看性。《秋江》不仅仅是浓缩的精华，更是小中生奇，可说是很好地体现了"螺蛳壳里做道场"。

第二，老艄翁与陈妙常的对话构成了可看性。从老艄翁的语言可以看出他是善意的，并非恶意调戏尼姑；他是心中有数的——船追得上；他是会调侃的，从他的语言和动作体现出这点。在剧中，老艄翁大量使用了四川"言子"，但用得很贴切，很符合他的身份、性格，也很符合情景和情节发展过程。如说快："雇别的船就怕赶不上，是老汉这只渔舟，好比那脚上擦清油——一溜就赶上了。"该剧还善于利用民间语言和语音的转换形式产生趣味。如陈妙常问天上飞来的是什么鸟。老艄翁说"鸳鸯鸟"，接着说鸳鸯鸟如同人家夫妻，亲热得很。陈妙常接："咹……"老艄翁却说："按不倒，高得很哦！"陈妙常接："哎……呀！"老艄翁又说："飞那么高，她还说矮啊！浪子来了！"利用"误听误说"也是川剧常用的表现手法，可以产生比较强烈的喜剧性。《秋江》中，老艄翁要与陈妙常"打老庚"①。陈妙常问："公公七十九，我才一十九，怎么打得老庚？"老艄翁说："嗨，我把六十岁的花甲丢到秋江河里去寄到一下，就拿这一十九岁来跟你两个打个老庚。"语言上，不只有老艄翁的故意逗趣，还有双方相互的逗趣。如陈妙常说"大舜耕田"，说"公公说话不正气"，说"我一掌打你下河去"，等等。这些地方都显出戏剧的精细微妙之处，既符合陈妙常此时的身份特点，话不多，又可以与"偷诗"中陈妙常与潘必正大段的对话和唱词连起来。此外，打岔、东拉西扯亦是川剧的表现手法，比如第四段中说要回家吃饭即是。逗趣、打岔、故意利用谐音、利用言语重复和模拟、使用歇后语等都是川剧经常使用的表现

①编者注：与同年出生的人结交朋友，相当于"拜把子"。

方法。四川话的特殊性构成了《秋江》喜剧风格的重要方面。

第三，精彩的虚拟性呈现和表达。雇船，上船，赶船，如照实写来，那真可能是一段过场，无甚趣味，而把时间拉长，把事情和过程放大，那就具有极大的戏剧虚拟性了，也肯定不是生活的原样了。老艄翁话多，比较外露，陈妙常话短，比较含蓄，由此产生了比较大的心理空间。我们可以看到，整个戏剧过程包含了角色心理的虚拟性。《秋江》中，戏剧动作表现出来的虚拟性也非常精彩。在上述第四、五段中，我们可以看到，两人通过简短的语言与大段的虚拟动作把上跳、解缆、推船、划船和江上的颠簸等，演得惟妙惟肖。许多行家和观众都称赞这一段的舞蹈语汇特别到位，舞蹈动作特别美。另外，还要指出，相比京剧，川剧在布景上有极大不同，京剧可以说是富丽堂皇，而川剧的布景可以至简，甚至至无，其虚拟性可以说达到了极致。

第四，在“偷诗”一节中，我们可以看到潘必正和陈妙常两人勇敢、大胆如干柴烈火般的爱情，可是在《秋江》中，虽然也有追赶之迫，但是一切都慢了下来，仿佛被老艄翁带入了人生不紧要处，而正是这人生不紧要处成就了《秋江》。天地悠悠，扯点闲篇又何妨？四川人自然、有趣、洒脱、达观的性格在《秋江》中透露出来，这是很难体会的高妙。这才是大戏！所以，我们说，《秋江》是属于川剧的。

(三)憨

四川人常说某人憨包，憨得很，憨戳戳，憨乖憨乖的；类似的语言还有哈(傻)，如哈宝，哈戳戳；还有方，如说某人是方脑壳，脑壳嘿(很)方。憨，有笨、傻、呆、一根筋、脑壳转不过弯的意思，也有乖的意思，也有嗔骂的意思，如老婆“骂”老公“憨戳戳的”，在某些情境中还有打情骂俏的感觉。

体现人物“憨”，是在川剧里经常用于塑造某类男角的方法和手段。这类角色类似西方电影里的憨豆先生，但是川剧中的憨人和憨味又与憨豆先生的“憨”大不相同。

川剧《做文章》中主角徐子元的父亲官居一品，想儿读书做官，而徐子元却是个逍遥于花街柳巷，“富极无聊”的公子哥儿。他的憨，是“傻憨”，该剧围绕两个情节对徐子元进行刻画。一是，父亲找人透露考题给他，题目是：“子曰，学而时习之。”然后通过一系列细节刻画，包括抓笔(捉不来笔)；他不晓得“学而”和“习之”是哪两个；求他救下的读书人单非英帮他做文，站立一旁帮单非英磨墨。单非英不敢，他却说：“磨墨是我的家传。”还说：“我曾祖写字，是爷爷磨墨；爷爷写字，是爹爹磨墨；爹爹写字，是我磨墨。”单非英写了，他夸奖道：“写得好，写得妙，比我爹爹书法还要高。”二是，崔天官见他文章写得好，欲招亲给女儿，徐子元不敢去，又叫单非英假扮公爷代他去，去之前又产生一系列笑料。《做文章》用反常规的方法讽刺徐子元这样憨得“有盐有味”的憨包，戏味十足。

《胡琏闹钗》里的胡琏是“胡憨”，即胡说八道、蛮横无理的憨包。如果说徐子元身上还有几分可怜可爱的性格，那么胡琏身上则尽是无知和可恼之处。戏中胡琏在同学龙相书屋拾得钗子一枚，他一口咬定是自己妹妹的金钗，认为妹妹与龙相有私情，于是到母亲那里去无理取闹，结果被丫环小英道出钗子有假，胡琏因此搞出闹剧，丑态毕露。

《评雪辨踪》中的吕蒙正却是“酸憨”。穷书生吕蒙正本与相府小姐刘翠屏寒窑相伴，相亲相爱。

一日天迟而归，发现窑前雪地男踪女迹，来往相交，怀疑妻子不贞，见面不明说，而是冷嘲热讽。本是又冷又饿，妻子给他罗裙，他说罗裙乃下体之物，搭在读书人身上是有辱斯文；妻子捧上稀粥，他说是臭气难当。后来他又哄妻子出门“评雪辨踪”，跟妻子理论“富贵不能淫，威武不能屈，贫贱不能移”三件大事。刘翠屏明白了症结所在，却故意设闷葫芦不揭。然后通过进窑碰头、砂锅招架、挥棒自刎等一系列戏剧动作刻画了吕蒙正的穷酸憨呆之相。待情况明了后，吕蒙正急着吃饭，刘翠屏却以彼之道还彼之身，用吕蒙正先前说的“臭气难当”和“有辱斯文”等话反击，吕蒙正在狡辩中显出“酸憨”性格，极具喜剧效果。

《乔老爷奇遇》是川剧的保留剧目。主角乔溪之憨可以说是“福憨”，即憨人有憨福。乔溪在川剧中是一个丑角。写到这里想起川剧名丑李文杰的公子李小果曾对我说：“乔老爷如果在其他剧种出现，可能是一个堂堂正正的角色，人也魁梧，可是四川当时的演员中哪有那么多魁梧的人嘛，戏好不一定靠个子，所以个子小点也可以演。”可见一个戏有一个戏的角色定位，一个戏有一个戏的演法。《乔老爷奇遇》是大戏，共八场。乔溪的相貌，按照丫环秋菊来说：“看你丑得像苦瓜，肚内哪有好才华。”不过乔溪出口成诗，引起小姐蓝秀英内心喜欢，斥责丫环休得无礼，不能以貌取人。她唱道：“评人物第一要器重德行。”乔溪应该是一个相貌一般、肚内有才、生活糊涂的人。剧中使用了一系列的故意（扑蝶放蝶）、错误（玩了回去找不到船了，行路腿又被马撞伤）、误会（无钱住店错上轿，被认为是黄小姐抢抬走）、奇遇（错当黄小姐进蓝秀英绣房，被误会，然后奇巧入赘）等戏剧元素，将乔溪“憨人有憨福”之“憨运”推向了高潮。最后他误打误撞当了新郎，与蓝秀英拜堂成亲。

（四）诡

诡指诡异，也包含怪异、惊异、奇异、离奇、出奇及荒诞等意思，四川话日常也爱用诡得很（鬼得很）等说法。川剧之“诡”主要体现在两个方面。

一是整体构思上：诡异之事、诡异之物常常是整体构思的核心。

川剧《扯谎过殿》把场景放到了阴曹地府，通过甘脱身一次次扯谎过殿而展现出一场闹剧。该剧剧情是目连和尚阴曹救母，打破铁围城，放出无数冤鬼，阎王无法，遂当面向玉皇请旨定夺。阎王命掌簿判官聂正伦暂时代理掌管阎王殿。陈仓老鬼甘脱身趁机假扮巡天都御史，巧舌如簧，欲骗过十殿，转阴投阳。甘脱身被聂正伦识破，两鬼一番较量，最后私了，甘脱身代替被斩牛头之职。《扯谎过殿》是借阴间喻人间，用极端的构思揭示出官场都是一般黑，阎罗殿也如此这般。

二是情节、场景和细节。

川剧《槐荫记》演出的是董永与七仙女之一七姬的爱情故事。七姬思凡相中了书生董永，在老槐树下挡住了董永，董永走哪条路都走不脱，后来张果老出面设出条件，要董永连叫老槐树三声，叫不答应就自己走，叫答应了就马上拜堂成亲。董永想怎么可能槐树会答应，便开始呼叫，不料第三声时老槐树发声答应了，董永只得应允。槐荫为媒，天上人间，前喜后悲，老槐树成了推动情节发展的诡异之物。

川剧《三土地》也演绎了天庭与人间之事。百谷仙子将天上五谷送往人间栽种，引玉皇恼怒，天门、功曹、御园三土地也因此而受牵连，被贬谪下凡。玉皇发放蝗虫到凡间祸害禾苗。玉皇的三个女儿私下凡间，并与以务农为生的陈氏三兄弟结为夫妻。三位公主命三土地收尽蝗虫，因而激怒玉皇。由此引发一系列闹剧。在该剧中，蝗虫成了玉皇大帝的代表，如果与蝗虫斗争，则“越打蝗虫罪越深”，蝗虫构成了戏剧冲突的一个重要内容。

川剧《一捧雪》中的审头、验头情节令人惊心动魄，非常诡异恐怖。“一捧雪”乃官员莫怀古家中祖传玉杯。奸相严嵩听闻，强行索取。莫怀古不愿，但因畏惧严嵩，就请能工巧匠打造一赝品献出，不料被门客汤勤所知，汤勤觊觎莫怀古之妻雪艳，于是向严嵩告发。严嵩派兵到莫家搜查，又派兵四处捉拿莫怀古。莫怀古家仆莫成貌似主人，愿替他死。严嵩命汤勤验头，汤勤坚称不是莫怀古，雪艳则抱头坚称是老爷。汤勤还要之前协助办案的几人一人说上句，一人接下句，下一人再接下句，看他们是否合谋串供。紧迫之处这么处理，令人神经紧张，但又类似语言游戏，增添几分趣味。川剧中经常有苦中作乐、悲中作乐的情况，所以即便是悲剧中也可能有喜剧的元素。

《扯谎过殿》的结尾处甘脱身与聂正伦还有大段的“子字歌”，犹如相声中的贯口，一口气说了38个“子”，可谓语言诡异，而且在搞笑中把荒诞推向了高潮。

(五)特

“特”是指川剧中使用的特别技巧与特殊手段。

川剧的变脸、吐火等现在大都作为一个单独的节目登上舞台。一般观众只把它作为杂耍式的表演看待，不知道它们在戏中有何用处，更何谈体会其妙处呢?

1.变脸

变脸是川剧艺人多年来不断积累和创新的艺术手段。变脸分为抹脸、揉脸、吹脸、扯脸以及变八字胡、吐獠牙等。变脸最早见于《归正楼》(亦称《三变化身》)，用于江湖大侠贝戎的易容术，后移植到川剧《白蛇传》中。《白蛇传》剧中神将持紫金铙钵(钵神)出现，通过角色的面部变化显示神力，增强其神秘感。变脸运用于其他剧中，在特定时刻出现，可以反映角色瞬间的喜怒哀乐，冲击力很强。(川剧演员陈代科所介绍)

2.变须

刘乃崇《忆彭海清老师谈》一文介绍了川剧《上关拜寿》中一个情节，当周遇吉看到母亲自焚，全家殉难时，“只一甩，一身盔甲飞去，长须变成短须，同时变脸”。此时，变须与变脸表现了周遇吉内心强烈的震撼。

3.吐火

吐火，在川剧中可用于关键时刻和重要场面，一火喷出，惊心动魄。比如，陈代科说，吐火在《白蛇传》中用于神将风火二神中的火神，一般表现为降妖时所施法术。

4. 烛火明灭术和藏刀技巧

著名作家丁玲在《看川剧〈打红台〉》一文中讲到川剧演员彭海清的《活捉石怀玉》和《打红台》两出戏中的"技术"。在《活捉石怀玉》这出戏中，彭海清演石怀玉，一上台的念白和几个动作把他做贼心虚、忐忑不安的心情暴露无遗，随之，舞台上布满了"阴风瑟瑟"的鬼气。这时，"鬼一进门，石怀玉手里的蜡烛灭了，鬼转身过去，手里的蜡烛又亮了"，"但人物的脸型未动，表情同烛光的明灭呼应很紧"。在《打红台》这出戏的"萧方杀船"一段。"萧方手拿一把鬼头刀，自己先上船，要金大用也上船，可是庚娘有所怀疑"，萧方脱了长衣，露出胸脯，"不说鬼头刀，连小刀也看不到一丝痕迹"，金大用放心了，上船了，"可是刹那间，萧方抽出鬼头刀，向他劈去"。四川人常说"做人不能像萧方"，就是说不能像萧方那样阴险凶残。丁玲还说："据说和他同台演戏的演员，最初也看不出破绽，不知道这样长的一把大刀，究竟藏在哪里，又从何处飞来。"丁玲认为这个技巧用得恰到好处，不但没有破坏戏剧，反而加强了气氛。

5. 变角

变角根据变脸的原理取名，指类似《白蛇传》中青儿扮演旦、花脸、武生等不同行当角色的表演特技，以从不同的性格侧面刻画人物。变角的方法在现在的电影，特别是侦破类、科幻类电影中较多出现，以呈现突然性和惊悚性效果。而舞台表演与电影表现不同，舞台上一人变多角可以显示演员跨角色的表演能力。

6. 影角

影角指《放裴》中影子一类的表演方法。川剧《放裴》中的影角，笼着黑衣，跟在人后，如影随形，而且裴生做什么动作，影角就是什么动作，相当鬼魅，也有几分惊悚。这种表演方式，把真实的人与"虚拟的影子"放在一个空间内，通过影角刻画人物的心理活动。从另一角度说，影角也是对幻觉的一种艺术创造。

7. 无形线

无形线即虚拟眼光线，如丫环将书生和小姐爱的目光拉来转去，进行夸张。

此外，川剧中还有挺僵尸(如《豫让桥》中的表演)等技巧，也是惊心动魄。这些特别技巧与特殊手段实际上并不是孤立的，也不是为显技而存在的。我们可以看到，它们都是根据剧情而设，根据人物性格和人物心情而设定的特殊手段，一般不用，用则给人以强烈冲击感，使人惊心动魄。

(六)跩

"跩"这个字在四川话中经常使用，不过许多人不能准确理解和体味"跩"。跩，一般有显摆、高高在上、洋洋得意、不得了、乖、俏的意思，可引申为妖艳、妖精。四川人有句口头禅：矮是矮，阴到跩，小是小，阴到俏。这句话说四川人个子有点矮，但是很跩，很俏。俏在这里既有显摆自己很乖很得行，又有自夸稀罕、稀缺的意思。这是四川人独特的表现方式，通过自黑和自嘲显示内心的自信和精神的强大，通过诙谐和幽默表现圆融、乐观和超脱的人生态度和人生智慧，也从根本上反映出四川人身上气定神闲、自由洒脱的“范儿”，一种迥然不同的精气神。川剧正是体现了这种高级的“踱”，高级的“范儿”。

1959年川剧演出团体到波、捷、德(东德)、保四个国家访问演出，共演了69场，总体上获得了成功。有外国人说川剧很像他们的歌剧和诗剧，其中有独唱，有合唱，有咏叹调，有宣叹调，令他们吃惊。据说德国著名剧作家贝托尔特·布莱希特从中国戏曲中吸收了很多有益的东西，虽不确定是不是从川剧中吸取的，但他创作了话剧《四川好人》，该剧的背景是四川，可谓意味深长。(见朱丹南《川剧出国拾粹》)

川剧不仅是独特的，而且是自洽的，它是“川白川腔”的完美呈现。那么川剧是否具有歌剧或诗剧的元素呢？我们通过川剧《一只鞋》从三个方面进行分析。

一是题材的选择上，世俗性与诡异性结合。

《一只鞋》共七场，涉及一桩非常离奇的案件，破案的主角不是人而是虎。毛大富、毛大娘夫妻是民间良医，两人常上山下乡去行医。一天夫妻上山后分头行医，毛大娘遇见一只老虎，求她去帮忙，原来另一只雌虎怀崽难产，于是毛大娘帮它接了生。雌虎腿受了伤，又求她。她善内科，老汉善外科，于是第二日又叫老汉去医雌虎的腿伤。老虎为感谢，送给他们一把系有玉吊坠的折扇，不料折扇却牵涉一宗命案。老汉被衙门抓去审问。毛大富、毛大娘和公差只有去找老虎证明。庭审关键时刻，雌虎叼鞋上堂，遂使真相大白。这种题材，打破常规，以虎喻人，可见创作者的想象力非同一般。

二是故事曲折，悬念迭生，扣人心弦。

第一场毛大富、毛大娘夫妻出场，两人是去给人治病的。第二场戏出人意料，戏剧方向发生陡转，老虎出现，戏剧忽然转到人虎关系上。原来是雌虎有孕，肚痛发作，雄虎着急，就去请毛大娘来照拂。不过这虎既是动物之虎，又是拟人化的虎。这里形成悬念：老虎怎么可能去请人，毛大娘又如何应对？恰巧毛大娘喝了早酒(第一场戏有伏笔，见下文)，恍里惚兮，昏昏然睡在石头上。雄虎来到毛大娘身边，闻了一闻，怕惊动了她，干脆伏在她身边等候。毛大娘摸到老虎嘴巴突然惊醒，剧情到这里起了一个小高潮。然后，毛大娘用一系列动作和语言表现出惊慌失措，再从雄虎的互动中理解了它的用心，不过仍然慌疑不定。转到第三场，毛大娘战战兢兢进洞为雌虎接了生，本想就走，却又被虎拦下，原来是要她为雌虎医腿。这就为善外科的毛大富出场医腿垫下了戏。第四场开头又是一转，崇兴在山上僻静处抢劫杀人，被雄虎怒扑，滚落岩下，还碰掉了一只鞋，老虎叼去了崇兴掉的那只鞋和受害人宁泰的扇子，这为后面的剧情发展埋下伏笔。而跌伤的崇兴看见上山的毛大富，便喊他医脚，正医时听到老虎吼声，赶紧逃走。而后，毛大富在雄虎的接引下进洞为雌虎医腿，雄虎为了感谢，将它叼走的那把扇子送给了他。这为下一场戏埋下伏笔。转到第五场，这把扇子给毛大富带来灾祸——扇子是被害人的。这是戏剧中的核心冲突，由此进入“好人被冤枉”的故事模型。第六场转到庭审，毛大富讲扇子是老虎相送，可谁人相信。如果县官是恶官、昏官，那么戏剧对抗可能以悲剧结束，不过这个县官心中还算明白：“人命案焉能马马虎虎。”县官命二公差押毛大富上山去老虎窝查案，这又是一个悬念，戏剧是否会往喜剧方向发展呢？第七场，雄虎上堂受审，但仅凭老虎点头，仍然难以说明案件情况。关键之处，雌虎叼鞋而来，关键证据出现，崇兴只得承认。危机化解，人虎共欢，大幕落下。我们可以看到，《一只鞋》具有非常突出的戏剧元素，戏剧构成非常合理，悬念的形成与小高潮、大高潮出现也环环相扣，因此，整出戏非常抓人。

三是唱词和道白通俗、生动，富有生活气息，符合喜剧的调性。毛大富、毛大娘出场开唱：

毛大娘：夫妻医理精，
　　　　远近都闻名。
毛大富：只要有人请，
　　　　马上就出门。
毛大娘：箱箱装得满：
　　　　包包和瓶瓶，
毛大富：面面和粉粉，
　　　　草草和藤藤，
毛大娘：叶叶和梗梗，
　　　　杆杆和根根。
毛大富：对症来下药，
　　　　药到病回春。
毛大娘：不怕倒贴本，
　　　　谢礼从不争。
　　　　……
毛大富、毛大娘：年将六旬整，
　　　　　　　　常存割股心。

两人上山，边唱边说：

毛大娘：太阳晒脑壳，走路口发渴。

毛大富：笑你酒量浅，爱把早酒喝。

开场部分，把夫妻二人的职业、年龄（年将六旬整）、医德（常存割股心）及性格基本反映和表现出来了。一连串川话叠词运用，唱出了世俗的快乐，显得有趣、诙谐，也定下了喜剧调性。值得注意的是，“不怕倒贴本，谢礼从不争”为后面官司的解决埋下伏笔，也为“好人被冤枉”的戏剧模式开了好头。

值得注意的是，《一只鞋》的语言非常统一，是以毛大富夫妻的角度作为语言定调的基础，其戏剧语言具有世俗之美，喜剧之美。而川剧语言各不相同，变化多端，最根本的是要符合剧情设定，符合剧中不同人物的身份、性格等，角色才是人物语言设置的根本。

补充一例，比较一下。川剧《青袍记》中，主角梁灏与董多文两人为梁灏是否应该坚持考状元一事互打比方，他们在戏中的对话就更多是读书人之间的言语：

董多文：好比那饮食铺内，柴干火旺，一气儿熟，又有味，又好吃。那柴不干，火不旺，纵然蒸得出来，也是夹生的。

梁灏：譬如那糟房里烤酒，要几次儿蒸得出来，十天半月，是为老酒，又清亮，又香甜。三朝五日烤出来，又酸又涩，又糊涂，叫屁淡，好比一瓶白水。

董多文：好比银瓶装酒，他们清的在前，留下你这糊的在后。

梁灏：好比簸箕扬米，他们轻的在前，我这重的在后。

回到《一只鞋》。毛大富、毛大娘出场是两人对唱，两人在剧中各有独唱。剧中还有幕内合唱。

老虎出场，幕内合唱：

一对猛虎下玉岗

相亲相爱情深意长

雌虎肚痛受伤，幕内又唱：

雌虎要把虎儿养

雄虎去请毛大娘

通过川剧剧本和川剧演出我们可以看到，幕内帮腔有合唱，有双人唱，有单人唱，其主要功能有介绍作用，有承上启下的连接作用，还有气氛渲染、烘托的作用；针对人物的帮腔则根据主要角色的心理变化等起提醒、暗示与强调等作用，犹如电影中的旁白。幕内飞句，即幕内飞出的一句短语，一般是角色语言的一个延伸。台上独唱、对唱、合唱与幕内帮腔等，构成了川剧的交响性，加上其中角色所唱调式的不同及变化，构成了旋律上的丰富性和复杂性，这都是极其宝贵的戏剧与音乐资源，值得我们珍视。

笔至结束，意犹未尽。川剧大戏《班超》中班超之浩然正气，《芙奴传》中芙奴之刚烈脾性，《红梅记》中慧娘为爱之大胆、无畏和彻底……，等等，许多剧本及戏剧人物都给我留下了深刻印象，让我在书里流连忘返。因此，我要赞曰：

美哉，川剧！

是为序

临摹出不了大师①

谭继文

一

当今中国画坛只有高原没有高峰已成了不争的事实。依我看，目前画坛存有不少“假画”与“伪作”，反倒是一个颇值得重视的问题。细究其原因，则是由于临摹风气太盛所导致。现在不少画家，一提中国画必说“笔墨”，笔墨从哪里来？从古人的画稿里来，从《芥子园画谱》中来。于是画家们就没完没了地临摹，从小学、中学到大学，从研究生到博士生，老师们天天讲“笔墨”，于是学生们天天临“笔墨”。毕业了，不少年轻画家为了实现自己的愿望，获取某些名与利，便参加各种“国展”冲刺班、进修班、研修班、高研班、名家班。但不管是哪个班，总有老师依然重复地讲“古人笔墨”，于是学生们还是临摹，有的学生一直临到七老八十，白头牙落，还在临摹。他们临古人的、临老师的、临父母的、临同学的、临《芥子园画谱》，一边临，一边参加展览。但不少画者严重缺少生活体验，缺乏创作激情，导致作品大同小异、千篇一律，没有个性、没有风格，自然无法成就高原，更没有高峰了。

古人作画，没有诸多框框套套，更不会以《芥子园画谱》为圭臬。董其昌说：“读万卷书，行万里路。”古代不少优秀画家靠着一腔创作热情，行遍千山万水，饱览祖国河山。他们在拥有丰富经历的基础上，产生出强烈的创作表现欲，用一支毛笔饱蘸墨汁在绢和宣纸上涂抹，终于抹出了《溪山行旅图》《千里江山图》《渔村小雪图》《富春山居图》等传世作品，这些作品成就了中国美术史上的丰碑，这就是高峰。后人将他们的作画经验进行整理总结：线描有铁线描、兰叶描、钉头鼠尾描、曹衣出水描等，统称十八描；画石头的技法叫皴法，有斧劈皴、披麻皴、解索皴、荷叶皴、乱柴皴、鬼脸皴、弹窝皴、米点皴、牛毛皴、卷云皴等多种皴法；画树的方法还有出枝法、点叶法；用线的方法有疏密对比法；用墨的方法有焦浓重淡轻；用笔的方法有平留圆重变……如此这般，统称“笔墨”。但古人作画之笔墨只是手段，不是枷锁，抒发的是灵魂，走的是创新路，所以才能创作文化瑰宝、旷世杰作，塑造出中华文化的高峰，留下了经典，成就了今天的传统。然而，很多当代人却以临摹为手段，以卖钱为目的，企图画出金钱和荣誉，画出权力和地位，这使他们的作品越来越缺乏生活感受，趋于概念

①此文发表在2020年《美术》杂志第5期“学术新见”栏目，有删改。

化、公式化，留下一堆“假画”与“伪作”。

二

笔墨是有时代性的，我们要以“与时俱进”的眼光来看待它。因为不同的笔墨所表达的意境是不同的。古人的笔墨表达的是古人的审美观、古人的意境。文人画家苏东坡被贬黄州时，他的笔墨所表达的是对于社会现状的无能为力，所以他的“黑云翻墨未遮山”就是描绘“乌云盖顶”的意境。南唐君主李煜丢了江山，他的“问君能有几多愁，恰似一江春水向东流”就表达故国之思。同样，八大山人画残山剩水，表达的是亡国之痛。如果失去了这些特定历史背景和作者的情绪，今天我们再把古人的笔墨照搬照抄，就犹如东施效颦，会沦为笑谈。

所以，当代的中国画艺术必须注入当代人的感情。我们这代人曾经经历过饥饿、苦难，但也感受到祖国的日渐复兴。由此，我们的笔墨必须要有当代性。而要有当代性，就必须创新，要力求表现出我们昨日所经历的历史沉浮，表现出今天所看到的朗朗乾坤。如果我们还停留在临摹八大山人等古人笔墨的层面上，中国画就会继续无病呻吟，毫无意义。

传统笔墨的生成，离不开古人的创新。没有古人的创新，就没有今天的笔墨、没有今天的中国画、没有今天所看到的中国画传统。循着古人这种创新精神，我开始探索新的笔墨。我的故乡武陵山，海拔最高点为2570米，面积绵延约10万平方公里，横跨渝、鄂、湘、黔四省市。这里有一种石头，叫沉积岩，它外表像千层饼一样，呈层层叠叠的平行线裂纹，有天然的形式感和运动感。当地农民把这种石头划成片，用来当瓦盖房。经过无数次的观察、探索，我发现古人并没有表现过这种石头。于是我在宣纸上反复涂抹，反复研究，终于决定用排山倒海的墨线表现这种石头，我把这种表现方法取名为“平行皴”。

我用尺寸为三张八尺宣（一张八尺整纸尺寸为122cm×244cm）的作品《佛门仙境梵净山》来表现贵州景色，又用尺寸为四张八尺宣的《楚水鄂山一炷香》来表现湖北恩施大峡谷美景；我画的《雄鸡一叫天门开》表现的是张家界天门山的美景；在呈现武陵山重庆段美景时，我用四张八尺宣创作了《梦桃源》，还用三张八尺宣创作了《枫红石头岭》；我画的《巴国盐道》则表现了古代巴盐销楚的景象。《巴国盐道》这幅画是受我老家屋后面一条叫“盐大路”的路所启发，通过查阅史料记载，最后创作而成。这幅画问世后，不同人群对巴盐古道产生了浓厚兴趣：一群文学爱好者重走巴盐古道，搜集素材，探索历史的真相；一群艺术家深入其中，寻找时代的脚步，感受生活的艰辛和大自然的美，发现与众不同的东西。我认为这样的体验观察是必要的，只有这样才能创作出有个人风格的作品。如果不去观察生活，一味地临摹是没用的。重庆石柱县万寿山历经风雨，留下很多可歌可泣的故事和传说，今天是旅游胜地。我创作的《风云万寿山》，也是四张八尺宣规格的画，反映的是巾帼英雄秦良玉在万寿山屯兵扎寨、操练白杆兵御敌，以保一方平安的历史故事。

三

太行山更是一座英雄辈出的山，它像一位英雄的母亲，孕育了不同时代的英雄。五代画家荆浩，可谓山水画艺术创新的先驱，他长期居住在太行山洪谷，躬耕自给，并研究、探索表现太行山的绘画方法。正是他的创新，结束了中国山水画没有皴法的历史。近代，在民族危亡的关键时刻，是八路军携手太行山人民，凭借太行天险沉重地打击了日本侵略者。红旗渠英雄和郭亮村英雄，用手中的钢钎、铁锤等，分别敲出一条人造天河和挂壁公路。这些英雄和这座英雄之山使人肃然起敬。我退休后，曾多次去那儿，为太行山和太行山人传神写照，歌颂太行山和太行山人。我用自创的“平行皴”创作了一幅名为《石眼观沧桑——太行天河红旗渠》的作品，来讴歌太行山英雄，讴歌华夏民族。

太行山不仅有许多英雄的故事与传说，还有那形成于亿万年前的沉积岩。这些沉积岩由成捆成捆的横平行线组成，就像刻在蓝天上的五线谱。呈现赭红色岩石群，像一座座浸透英雄血的雕塑，向世人述说着一个个远古的传说。用传统技法中的“披麻皴”“解索皴”“荷叶皴”“米点皴”“卷云皴”“牛毛皴”等，是无法表现太行山特有的沉积岩岩石群的。在研究中国画传统的基础上，我选择了继承古人的创新思想而非技法，走笔墨创新的路子，用自创的“平行皴”新笔墨语言来表现沉积岩排山倒海的线条、表现那激情涌动的太行山，为它传神、为它立传，歌颂祖国的大好山河，张扬我们的民族魂。我的画法和创新思想得到了理论家刘曦林的肯定，他说：“土家族画家谭继文自幼在重庆山乡生活，沉积岩经地壳裂变形成的平行线引起了他浓厚的兴趣，遂情有独钟地大胆运用于山水画创作……创‘平行皴’独立于山水画坛……‘平行皴’不仅是一种独特的地貌的再现，也是画家对形式美的创造，对个性语言的自觉把握。”这对我而言是一种极大的鼓励。

创新是推动中国画前进的动力，如果没有古人的创新，就没有今天的传统。单纯、机械的临摹，只是一个复制行为，它和克隆、抄袭、剽窃没有多大区别。即使你笔墨功力再深，临摹的始终是别人的，而不是自己的。靠临摹是形不成自己的风格的，对中国画发展是没有贡献的。如果一个画家一辈子只会临摹而不会创新，不管他的画价多高，多么声名远扬，他也只是一台复印机。

时代呼唤创新，中国画坛需要有更多的像五代宋元时荆、关、董、巨、刘、李、马、夏那样的创新型画家。只有出现一批有思想、有抱负、有创新、有贡献的新时代画家，中国画传统才能不断发展壮大，中国画审美空间，才能不断拓展，中国画语言的表现力才能增强，人民群众的审美需求才能被满足，这样的画家才有可能成为真正的大师。

观白虎山和龙泉渠有感

谭地莲

步履匆忙的人生，生活琐事潮湿了我的心；两点一线的单调，忙碌的工作疲惫了我的心。幸好有那么一个周六（2020年9月12日），趁着秋风不燥，迎着初秋的细雨，我和一群喜欢行走与寻找诗意的人，前往黄鹤镇山河村去观看白虎山的雄姿、体验龙泉渠漂流的乐趣。对于那里的奇山异水，有石柱画家的作品将出炉，也有本地文人的佳作问世，于我而言，只想去目睹一下芳容，体验挂壁渠上的惊险刺激，拂去我心头淡淡的忧伤与疲惫罢了。

上午9点钟，我们从小县城向着黄鹤镇出发了。一路上听着文友罗涌等人随和的畅谈，让我收获校园外的认知，感慨创作人应该有的姿态与本色。车子转山转水，一路前行。走在这条熟悉的路上，曾经去马武中学支教来回颠簸的画面浮现在我眼前，记忆清晰得仿佛就在昨天。但一切都成了过去，无论什么样的经历，终将以美好的回忆储存在心底。

途中经过棕树坪，有个休憩的栈道和观景台，可以欣赏羊子岩的迷人风景，“浮云不共此山齐，山霭苍苍望转迷”。雾里看山，不知是云拥抱大山，还是大山依恋云，一切都是那样的刚刚好，云里雾里，山里谷里，苍茫云海间，白浪连天涌。羊子岩，山陡难走，也许只有勇敢的野山羊才敢去探险。心灵遨游羊子岩，多了份对自然与生命的敬畏！

一路上，驻村干部刘建平热情地给我们当导游，告知沿途的胜景，指点观看白虎山的最佳位置，如数家珍地给我们介绍关于龙泉堰的前世今生，关于扶贫路上的点点滴滴，关于山河村百姓的淳朴与热情。

“横看成岭侧成峰，远近高低各不同。”在羊子岩的峡谷里，透过车窗外，我们能清晰地看到当地人称的“鹰嘴岩”，仿佛有只活灵活现的雄鹰立在山头。我想，在这较为落后偏僻的大山里，那些村民或许就像那只鹰，向往自由，敢于面对困难，勇敢、坚强。如今年轻人大都走出大山，去寻找梦想中的人生了。

上午10点多，我们来到了龙泉渠上，悠然眺望对面山上，一只白虎的雄姿清晰可见，原来，鹰嘴岩的正面就是白虎山。那时那刻，大自然的鬼斧神工让我叹为观止。在大自然孕育的千万神奇之中，或许上天把特别的爱给了特别的黄鹤镇，让这里多了份恩赐与诗情画意。独一无二的白虎雄踞在山顶，像神一样守护那里的一方子民，镇压邪灵。白虎成了土家人的图腾，幸运的石柱土家人，在白虎的呵护下发展壮大。

行走在龙泉渠堤上，不恐高的我依然胆战心惊，毛骨悚然，全身震悚。我看不到绵延沟渠的尽头，只见渠堤下面的悬崖峭壁、万丈深渊，我不敢想象当年开渠凿壁的百姓有多艰难与凶险，听当地人和同行的人说："当年村民是吊着箩篼装着人在光秃秃的峭壁上千凿万打开渠的。"连怪大家称"龙泉长渠"为"挂壁天河"。劳动者的勤劳与坚韧，造就了龙泉渠的别样风景。龙泉渠数十年来都发挥着它的作用，默默造福百姓，曾灌溉田地养育村民，如今用于发电，带给村庄无限光明。

上午11点多，采风的文人、爱好户外运动的男女，热情地穿过蹇家院子，激情满怀去寻找龙泉渠的源头。沿着渠岸前行，树木丛生，百草盛茂，林间荫翳，百鸟和鸣，你能感受到大自然的宁静与祥和、生态的美好与惬意，人的心底在自然的纯粹面前渐渐消却了浮躁，远离城市的喧嚣，顿悟生命的静谧与沉淀。沿途也有不少危险之地，我害怕一不留神就会滚下山崖，但其实多点勇气、多份细心，一切都会安然无恙的，或许人生也没有什么过不了的坎和翻不了篇的困难吧。

长渠十八弯，一弯又一弯，一拐又一拐，行走了一个小时左右，终于到了开渠的源头之地深道湾，那里的空气清新，河水潺潺，清澈见底。驻足那里，自然的风和灵魂让我有种不想离去的深情，真想用一泓清泉酿一坛陶醉之酒，让自己爱自然的心灵在这里升腾！扶贫干部刘建平介绍，我们所在之地是一脚踏三地：面向前方，左边是黄鹤镇，右边是龙潭乡，背面靠六塘乡。前来此地的石柱民间文艺家协会成员、游泳协会会员、部分户外运动爱好者、山河村干群等都很惊喜与兴奋，白虎山龙泉大渠首次试漂活动在此拉开帷幕。游泳的、漂流的、行走的，完美心愿各得其所。

下午两点，在蹇家院子里开午饭了。面海椒炒腊肉、豆子炖腊排、炒萝卜秧、炒土豆丝……绿色健康、丰盛而又地道的农家菜，让我大饱口福。旧时光、慢生活是我永不变更的热爱，我羡慕那样的农家生活，感觉那是当下最美的生活模样。

午饭后，在返回的途中，我们还匆匆去了趟山河村羊子岩组受保护的传统村落，扶贫驻村干部刘建平为保护非物质文化民居争取来两百多万元资金，将这里打造一新。院落里的年轻人都涌进了打工的潮流，孩子们都走出了大山求学，空巢老人们却在宁静中守望春节一家老少的大团圆。漫步的院落，惊艳了我的眼眸，对面是烟雾缭绕的仙境，院落里的狗憨憨地看守着家，猫咪跟着老人形影不离，蜂桶里的蜜蜂飞进飞出辛勤酿蜜，老人健身操"小苹果"的旋律飘出堂屋，和谐、温馨的场景刻画出满满的幸福。

传统村落旁有一棵挂牌受保护的古树——金丝楠木，村民自豪地娓娓道来：曾经有人挖空心思想盗窃，也有人愿出很高的价格买走，可农家人不为金钱所动，用生命看护好风水宝树。山民的淳朴、高贵与大山的静谧、安适相得益彰，和谐共生！吊脚楼土家人朴实的灵魂值得让人骄傲！

北纬30°的石柱，真是一个康养和宜居的好地方！据说黄鹤镇还有溶洞和天坑值得去探索与寻觅。在这片神奇与让人热恋的土地上，我期待有一天能开发出石柱最长情的漂流地，游客可以优哉游哉，不疾不险地漂流，一边享受天然氧吧，一边荡涤心灵的尘埃。我也期待有一天能为白虎山开凿出登顶天梯，游客能零距离感受白虎山的雄姿，在山顶领略“一览众山小”的豪迈。待到那时，我们站在顶峰，目及之处，大享视觉盛宴，千里绵延，万里风光，看群山看云海，看石柱人的激情满怀！

地址：重庆市渝中区枇杷山正街93号

邮编：400013

编辑部电话：(023)63880156　63880157

电子邮箱：cqwhysyj@126.com

微信公众号：cqwhysyjy

网站：www.cqwhysyj.cn

重庆文化艺术研究QQ群号：294222082